Antoine Plamondon

Sœur Saint-Alphonse

par John R. Porter
conservateur adjoint de l'art canadien ancien

Chefs-d'œuvre de la Galerie nationale du Canada
n° 4

Galerie nationale du Canada
Un des Musées nationaux du Canada
Ottawa, 1975

Antoine Plamondon

Sister S

by John R. Porter
Assistant Curator of Early Canadian Art

Masterpieces in the National Gallery of Canada
No. 4

The National Gallery of Canada
A National Museum of Canada
Ottawa, 1975

En 1938, la Tate Gallery de Londres présentait la première grande exposition consacrée à la peinture canadienne. Parmi les œuvres y figurant, le public pouvait notamment apprécier le portrait *Sœur Saint-Alphonse*, tableau d'Antoine Plamondon peint en 1841. La Galerie nationale du Canada en avait fait l'acquisition en 1937.

Cette œuvre provient de la collection de Mme Anton Schwartz dont le mari était le petit neveu de sœur Saint-Alphonse, religieuse de l'Hôpital général de Québec. Elle fut commandée à l'origine par la famille de la jeune sœur, deux ans après que celle-ci eût prononcé ses vœux perpétuels. Ses parents voulurent, sans doute, combler le mieux possible le vide laissé dans leur foyer par le départ définitif de leur fille. L'Hôpital général possède d'autres portraits de religieuses de la main de Plamondon; ceux-ci ont été donnés à la communauté par les descendants des parents de religieuses.

Dans le tableau d'Ottawa, sœur Saint-Alphonse est représentée assise dans un fauteuil rouge dont on aperçoit à droite le bras de bois brun. Ce siège est vu de biais de sorte que le mouvement général du tableau est dirigé sensiblement vers la gauche. La religieuse regarde dans cette direction. D'autre part, l'artiste a choisi de ne pas peindre complètement le personnage, faisant plutôt correspondre le bas du tableau avec le haut des genoux. Il conférait de la sorte une plus grande densité à son portrait.

Sœur Saint-Alphonse est vêtue de l'habit des religieuses augustines de l'époque. Elle porte le grand voile d'étamine noire de celles qui ont prononcé leurs vœux perpétuels. La pâleur relative de la jeune religieuse est compensée par le teint rosé de ses joues. Le regard est assuré et la bouche quelque peu espiègle (fig. 1); elle a le nez délicat mais dessiné curieusement au niveau de la narine gauche. Le front est couvert d'un bandeau blanc et le reste du visage est entouré d'une guimpe qui descend jusqu'à la poitrine. À la gauche du visage, on aperçoit une partie du velet. La guimpe surmonte la majeure partie des autres vêtements composant l'habit de la religieuse. Un rochet de lin blanc recouvre, au centre, une robe de laine de même teinte dont les plis glissent vers la gauche du tableau. Ces vêtements sont encadrés par une chape en serge de laine noire représentée plus largement du côté du fauteuil. La manche du rochet s'adapte à celle de la robe de laine qui déborde par-dessus la main droite du personnage. Cette dernière repose sur l'autre main que l'on

In 1938, London's Tate Gallery presented the first major exhibition of Canadian painting. Among the works shown was the portrait of *Sister Saint-Alphonse*, painted by Antoine Plamondon in 1841. The National Gallery of Canada acquired the painting in 1937.

This work formed part of the collection of Mrs Anton Schwartz, whose husband was the great-nephew of Sister Saint-Alphonse, a nun at the Hôpital général in Quebec City. The painting had been commissioned by the young nun's family two years after she had taken her vows; the parents probably wished to attempt to fill the void left by the young girl's departure from the family circle by having her portrait done. The Hôpital général has other portraits of nuns painted by Plamondon, works presented to the community by the descendants of the subjects' relatives.

In the Ottawa painting, Sister Saint-Alphonse is shown seated in a red arm-chair; at the right, one of its brown wooden arms can be seen. The chair is viewed from an angle, so that the general movement of the picture is perceptibly towards the left. As well, the nun is looking in this direction. Instead of depicting the whole figure, the artist has chosen to make the lower edge of the picture correspond to the height of the subject's knees; in this way he achieves a greater density in his portrait.

Sister Saint-Alphonse is wearing a habit of the Augustinian nuns of the period, including the large black muslin veil worn by those who had taken their vows. The young nun's relative pallor is relieved by the rosy complexion of her cheeks. She has an air of determination, and a rather mischievous mouth (fig. 1); the nose is delicate, but the outline of the left nostril is curiously drawn. Her forehead is covered with a band of white cloth, and the rest of her face is framed by a wimple, which reaches to her breast. Part of the lining for the veil can be seen to the left of the face. The wimple covers the top part of the other garments which make up the nun's habit. The surface of the painting covered by these garments is bisected by a rochet or smock-like surplice of white linen, and by a white woollen robe which seems to slide off in soft folds towards the left of the picture. This section is framed on both sides by a black wool serge cope, most clearly shown behind the arm of the chair. From underneath the sleeve of the rochet the voluminous sleeve of the woollen robe spills out, overlapping most of the sitter's right hand. This hand is resting on the left hand, which is partially

devine partiellement à travers sa manche. Dans la main droite, sœur Saint-Alphonse tient un livre rouge qu'elle entrouvre de l'index. Au-dessus du livre, au milieu des plis verticaux du rochet, se profile une croix d'argent soutenue par un cordon noir apparaissant sous la guimpe. L'arrière-plan du tableau est dénué de tout décor et baigné d'une lumière vaporeuse en son centre, ce qui accentue la présence du personnage.

À première vue, la composition du tableau *Sœur Saint-Alphonse* semble fort simple. Ce genre d'œuvre se prêtant naturellement à une ordonnance pyramidale (fig. 2), le peintre a su exploiter cette possibilité en inscrivant son personnage dans un triangle isocèle. Les côtés égaux de ce triangle correspondent fidèlement aux lignes extérieures du voile et son sommet se confond avec la ligne médiane du tableau.

Cette solide structure de base aurait pu engendrer une certaine sécheresse. Au contraire, Plamondon a su lui conférer un dynamisme certain, en faisant glisser le cœur de la composition plus bas que le centre du tableau et légèrement vers la gauche. En effet, si l'on prend comme autre centre un point correspondant à la rencontre de la guimpe et de l'extrémité droite du cordon, on peut tracer un cercle qui jouxtera les extrémités latérales de la guimpe en passant par la ligne supérieure des lèvres et par la ligne inférieure du livre. En outre, ce point central se situe très exactement au milieu de la hauteur totale du personnage. Dans la même veine, on peut tracer, à partir des points de rencontre que l'on vient d'énumérer, une série de droites formant un losange et correspondant une fois de plus à d'autres lignes de force du tableau. Nous pourrions pousser cette étude géométrique plus en détail mais cela ne ferait que confirmer la subtilité de composition du portrait *Sœur Saint-Alphonse*.

Cette même subtilité, nous croyons la retrouver dans la perspective qu'a donnée Plamondon au livre rouge que tient la religieuse (voir l'illustration de la page couverture). En effet, le côté de la couverture le plus éloigné du spectateur paraît, vu de très près, aussi large que le côté le plus proche. À distance, toutefois, la perspective du livre est rétablie et les lignes fuyantes se dessinent en souplesse. Donc, pour maintenir l'illusion, le livre doit être vu à une distance équivalente à celle qui séparait originellement le peintre de son modèle.

Plamondon n'a pas tracé sur le livre rouge de détail spécifique permettant d'en identifier la nature. À moins que ce ne soit un livre de prières, il pourrait fort bien s'agir des *Constitutions de la congrégation des reli-*

visible through the sleeve. In her right hand, Sister Saint-Alphonse holds a red book, which is kept open with her forefinger. Directly above the book, in the centre of the vertical folds of the rochet, we see a silver pectoral cross, whose black cord is just visible under the edge of the wimple. The background of the picture is completely neutral, and in the centre a misty light suffuses the outline of the sitter, accentuating her presence.

At first glance, the composition of the portrait of *Sister Saint-Alphonse* seems extremely simple. A study such as this one lends itself naturally to a pyramidal composition, and the artist has in fact exploited this possibility by presenting the form of his sitter as conforming to the outlines of an isosceles triangle (fig. 2). The shape of the veil corresponds to the equal sides of this triangle, and its apex is placed on the median line of the picture.

Although this solid basic structure might have resulted in a certain aridity, Plamondon has evoked a feeling of life and movement in his painting by placing the focus of the composition lower than the centre of the picture and slightly to the left. In fact, if one takes as the centre a point where the wimple and the right edge of the cord of the pectoral cross meet, a circle can be drawn which will join the lateral extremities of the wimple by passing through the upper line of the lips and through the lower line of the book. Furthermore, this central point is situated exactly in the middle of what we see of the subject's total height. It is also possible, starting with the intersecting points mentioned above, to draw a series of straight lines and to form a rhombus, whose outline in turn corresponds to other lines of force in the picture. This geometrical analysis could be carried further, and would continue to confirm the subtlety of composition in the portrait of *Sister Saint-Alphonse.*

We find that this same subtlety is reflected in Plamondon's treatment of perspective in the depiction of the red book in the nun's hand (see cover illustration). A close examination shows that the side of the cover farthest from the viewer seems to be as wide as the nearer side. From a distance, however, the perspective of the book seems to alter, and its receding lines gracefully suggest proper depth. To be effective, the illusion requires that the book be observed from a distance equivalent to the distance originally separating the painter from his model.

Plamondon did not include specific details which would enable us to identify the nature of the red book. Unless it is a prayer book, it may well be the *Constitutions de la congrégation des religieuses hospita-*

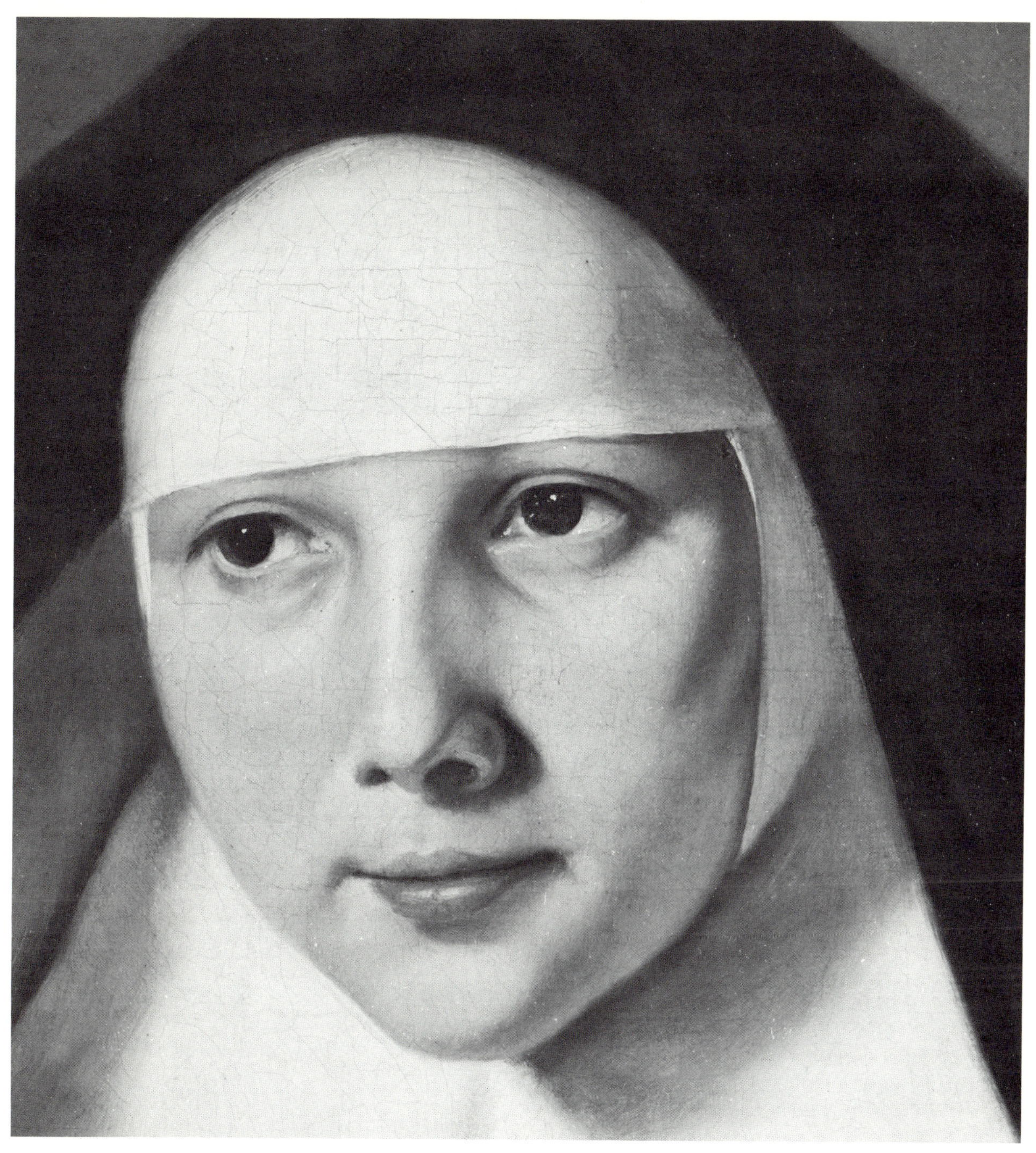

1. *Sœur Saint-Alphonse*
   Détail: visage

1. *Sister Saint-Alphonse*
   Detail: face

gieuses hospitalières de la miséricorde de Jésus. Ce livre renferme la règle de saint Augustin et il serait logique que sœur Saint-Alphonse en tienne un exemplaire dans ses mains. On conserve plusieurs éditions des *Constitutions* à l'Hôpital général de Québec, la plus ancienne datant de 1666. La présence de ce livre dans les mains de la religieuse pourrait être une allusion au choix qu'elle a fait, celui de quitter le monde pour entrer en communauté et se soumettre à une règle de vie religieuse.

C'est conformément à la règle que sœur Saint-Alphonse porte une croix pectorale (fig. 3). À l'Hôpital général de Québec, on conserve une cinquantaine de ces croix d'argent car elles n'étaient pas enterrées avec les religieuses défuntes. Ainsi, une novice pouvait, lors de sa profession, hériter d'une croix ayant appartenu à une religieuse décédée ou encore en recevoir une nouvelle en cadeau. C'est sans doute ce qui se produisit dans le cas de sœur Saint-Alphonse, car elle venait d'une famille aisée de Québec. Par sa forme, la croix de la jeune religieuse s'apparente à une croix d'argent (fig. 4) acquise en 1968 par la Galerie nationale du Canada. Il s'agit d'une œuvre de François Sasseville [1797–1864] provenant originellement de l'Hôpital général de Québec. Sur un côté, elle est décorée d'une fleur, d'inscriptions pieuses et d'une branche feuillue; sur l'autre, on voit la même fleur, d'autres inscriptions et deux cœurs jumelés. Il n'est pas exagéré, selon nous, de penser que sœur Saint-Alphonse aurait pu porter une croix exécutée par François Sasseville, l'orfèvre le plus important alors en activité à Québec et l'auteur de quatre autres croix d'argent exécutées pour des religieuses de l'Hôpital général. Ajoutons que dans son tableau Plamondon n'a retenu que la forme générale de la croix, éliminant de la sorte les fines ciselures qui apparaissaient sur la croix de son modèle.

La signature de l'artiste (fig. 5) apparaît sur le bras du fauteuil, à la droite du tableau: *A. Plamondon 1841*. À l'occasion, le peintre aimait profiter de la présence de certains objets dans ses tableaux pour y appliquer sa signature. Il apposa notamment celle-ci sur les bras de chaises figurant dans *Jeune fille en rose* (1824), dans *Madame Papineau et sa fille* (1836) et dans les portraits de deux religieuses de l'Hôpital général, *Sœur Sainte-Anne* et *Sœur Saint-Joseph*, peints en 1841. Dans *Sœur Saint-Alphonse*, il signe son nom d'une écriture cursive très appliquée, comme dans la majorité de ses œuvres. Quelques variations de signature nous sont connues au niveau des abréviations et de l'emploi facultatif du verbe latin *pingere* (pour peindre); on retrouvera, par exemple, *p.*, *p-xit*,

lières de la miséricorde de Jésus, which contains the Rule of Saint Augustine; it would be logical to think of Sister Saint-Alphonse, an Augustinian nun, holding a copy of this book in her hands. The Hôpital général in Quebec City has several editions of the *Constitutions*, the oldest dating from 1666. The presence of such a book in the nun's hands might also be an allusion to the choice she made in leaving worldly things to enter an order and to adopt a life of religious rule.

Sister Saint-Alphonse wears the prescribed pectoral cross (fig. 3); the Hôpital général in Quebec City has about fifty of these silver crosses, since they were not buried with the nuns when they died. Thus at the time of her profession, a novice could either inherit the cross of a dead nun, or be given a new one as a present from her family. Sister Saint-Alphonse, who came from a prosperous family in Quebec City, probably received her cross from them. In shape, the young nun's cross resembles a silver cross acquired in 1968 by the National Gallery of Canada (fig. 4). The work of François Sasseville (1797–1864), this cross had originally belonged to the Hôpital général in Quebec City. On one side it is decorated with a flower, pious inscriptions, and a leafy branch. A similar flower can also be seen on the other side, along with more inscriptions and two intertwined hearts. It seems likely that Sister Saint-Alphonse might have worn a cross made by François Sasseville— the most important silversmith then working in Quebec City, and one who had made four other silver crosses for nuns at the Hôpital général. In the picture Plamondon has depicted only the general outline of the cross, excluding the fine engraving which was probably present on the cross worn by his model.

The artist's signature (see fig. 5) appears on the arm of the chair, on the right-hand side of the picture, where we read "A. Plamondon 1841." At times the artist made use of objects in his pictures to insert his signature; he placed it on the arm of a chair, for example, in *Girl in Pink* (1824), in the portrait of *Madame Papineau and Her Daughter* (1836), and in the portraits of two nuns at the Hôpital général, *Sister Sainte-Anne* and *Sister Saint-Joseph* both painted in 1841. In the portrait of *Sister Saint-Alphonse* he signed his name, as in the majority of his works, in a painstaking italic script. There are several variations in the signature as far as the abbreviations and choice of tense of the Latin verb *pingere* (to paint) are concerned; we may find *p.*, *p-xit*, *pinxit*, or *pingebat*, for example. Plamondon's paintings are generally signed and frequently dated. In his last works he began

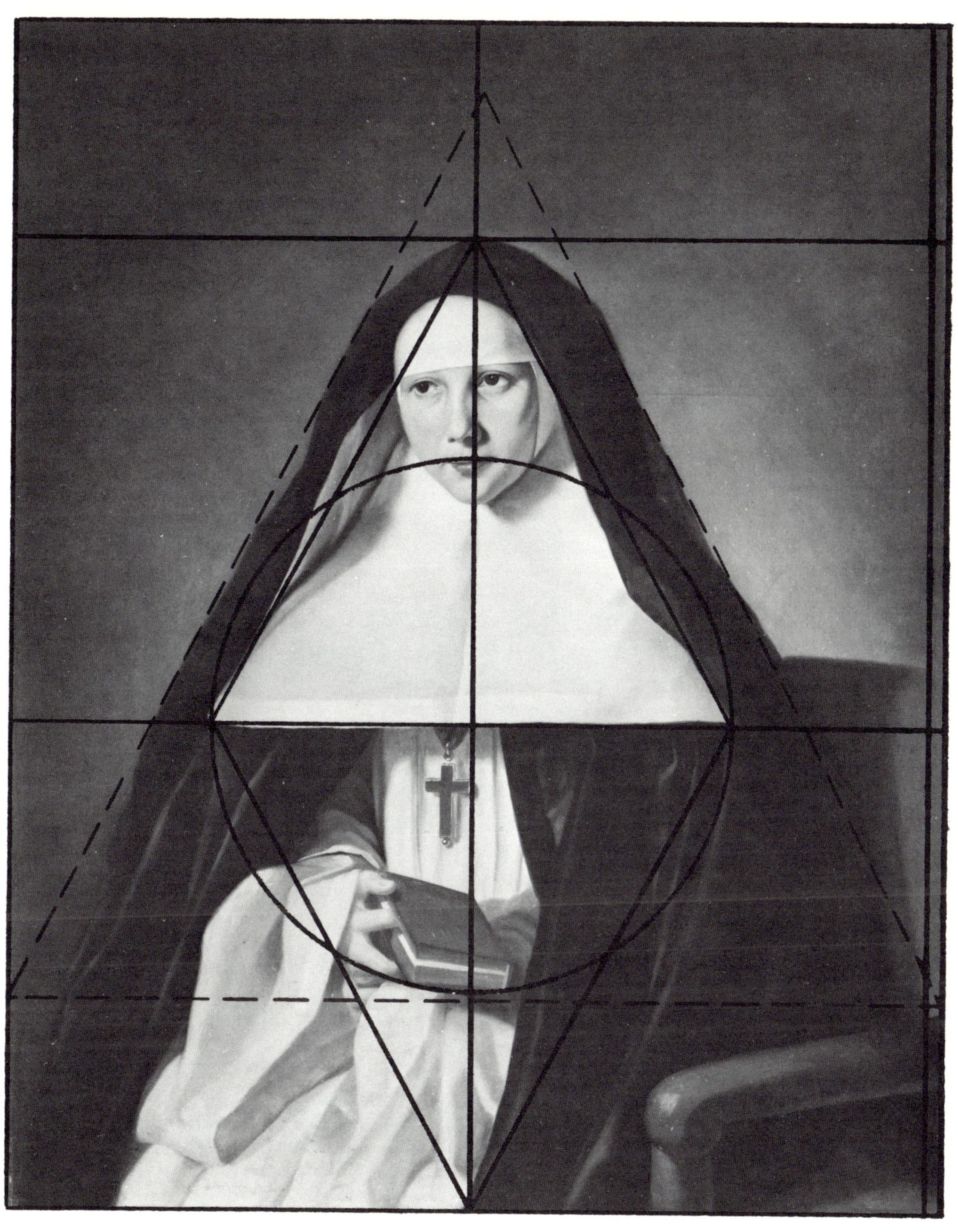

2. *Sœur Saint-Alphonse*
    Étude géométrique

2. *Sister Saint-Alphonse*
    Geometrical analysis

pinxit et pingebat. Les tableaux de Plamondon sont signés pour la plupart et fréquemment datés. Dans ses dernières œuvres, il lui arrivera d'ajouter quelques inscriptions complémentaires comme dans son *Auto-portrait* (1882) et dans quelques-uns des tableaux religieux de l'église de Neuville. La signature du portrait *Sœur Saint-Alphonse* demeure néanmoins la plus typique de Plamondon.

L'artiste

Antoine-Sébastien Plamondon est né le 29 février 1804 et fut baptisé le 2 mars de la même année à l'Ancienne-Lorette. Il est le fils de Pierre Plamondon, agriculteur, et de Marie Hamel. En 1819, on retrouve son père exerçant le métier d'aubergiste au faubourg Saint-Roch de Québec. La même année, Antoine Plamondon s'engage comme apprenti auprès du peintre Joseph Légaré [1795–1855]. Il y acquiert les rudiments de son art, notamment en restaurant des tableaux de la collection Desjardins. Sa première œuvre connue est *Jeune fille en rose*, un portrait datant de 1824.

À la fin de sa période d'apprentissage en 1825, il ouvre un atelier rue Sainte-Hélène, à Québec. Ses premiers tableaux religieux connus, peints pour les églises de Beaumont, de Bécancour et de Cap-Santé, datent de cette année-là. L'année suivante, Plamondon s'embarque pour l'Europe dans le but de se perfectionner. Il étudiera à Paris sous la direction de Jean-Baptiste Paulin Guérin [1783–1855], peintre officiel de Charles X et disciple de Jacques-Louis David [1748–1825]. Il profitera aussi de son voyage pour séjourner à Venise, à Florence et à Rome.

De retour en 1830, il ouvre un atelier rue Sainte-Famille, à Québec. Il aurait donné en même temps, au moins jusqu'en 1841, des cours de dessin au Séminaire. Considérant la ville de Québec comme son fief, il attaque vigoureusement tout nouveau concurrent dès qu'il se présente. Le peintre américain James Bowman [1793–1842] est le premier à subir ses foudres en 1833. L'année suivante, Plamondon accueille Francis Matte [1809–1839] comme disciple. En 1836, il fait un bref séjour du côté de Montréal et il est de retour trois mois plus tard à Québec. Deux ans après, il remporte une médaille de la Société littéraire et historique de Québec pour un tableau intitulé *Le dernier indien* et quitte son atelier de la Chambre d'assemblée (dans le nouveau Palais législatif, incendié en 1854 et qui se trouvait sur le site actuel du parc Montmorency) pour s'installer à l'Hôtel-Dieu. C'est

adding complementary inscriptions, as in his *Self-Portrait* (1882), and in some of the religious paintings in the church at Neuville. The signature to be found in the portrait of *Sister Saint-Alphonse* remains nevertheless most typical of Plamondon.

The Artist

Antoine-Sébastien Plamondon was born on 29 February 1804 in Ancienne-Lorette, and was baptized there on 2 March of the same year. He was the son of Pierre Plamondon, a farmer, and of Marie Hamel. In 1819, his father was working as an innkeeper in the Faubourg Saint-Roch in Quebec City; that same year Antoine Plamondon was apprenticed to the painter Joseph Légaré (1795–1855). He acquired the rudiments of his art with Légaré, principally while restoring paintings in the collection of the Desjardins brothers. His first known work is a portrait done in 1824, *Girl in Pink*.

In 1825, at the end of his period of apprenticeship, he opened a studio on Sainte-Hélène Street in Quebec City. His first known religious pictures, painted for the churches of Beaumont, Bécancour, and Cap Santé, date from this year. The following year Plamondon travelled to Europe hoping to improve his technique by observing the work of other artists. He studied in Paris under Jean-Baptiste Paulin Guérin (1783–1855), who was Charles x's court painter and a disciple of Jacques-Louis David (1748–1825). He also used the opportunity to spend some time in Venice, Florence, and Rome.

On his return in 1830, Plamondon opened a studio on Sainte-Famille Street in Quebec City. While continuing to do his own work, he apparently gave courses in drawing at the Séminaire de Québec – at least until 1841. He considered Quebec City to be his own private domain, and he vigorously attacked any new competitor who appeared. The American painter James Bowman (1793–1842) was the first to be subjected to his fury, in the year 1833. The following year Plamondon accepted Francis Matte (1809–1839) as his disciple. In 1836 he made a brief excursion in the direction of Montreal, returning after three months. Two years later he won a medal from the Société littéraire et historique de Québec for a picture entitled *The Last Indian*, and he left his studio in the Chambre d'Assemblée (in the new Legislative Building, destroyed by fire in 1854, on the site of the present Montmorency Park) for quarters in the Hôtel-Dieu. It was during this period that he gave

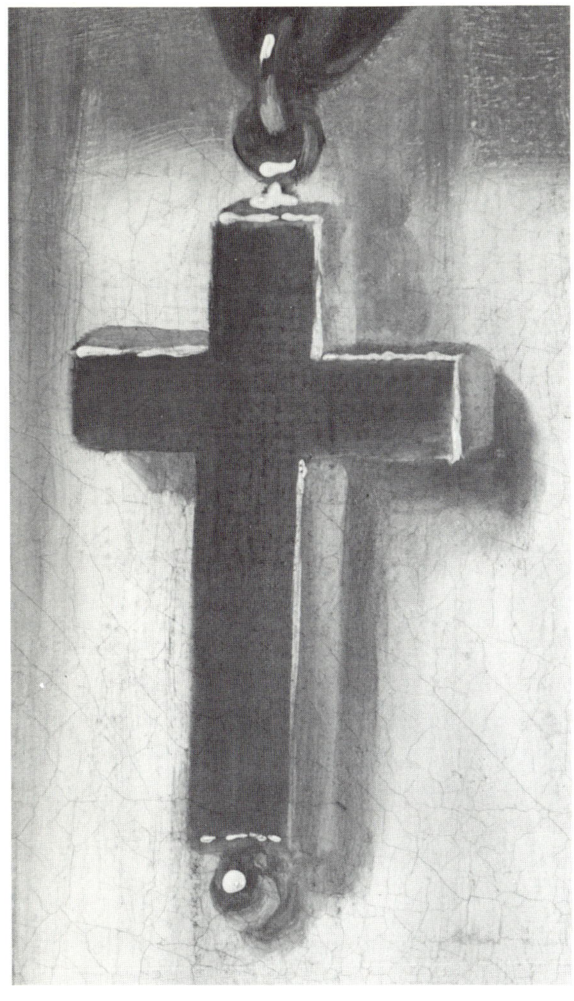

3. *Sœur Saint-Alphonse*
   Détail: croix pectorale

3. *Sister Saint-Alphonse*
   Detail: pectoral cross

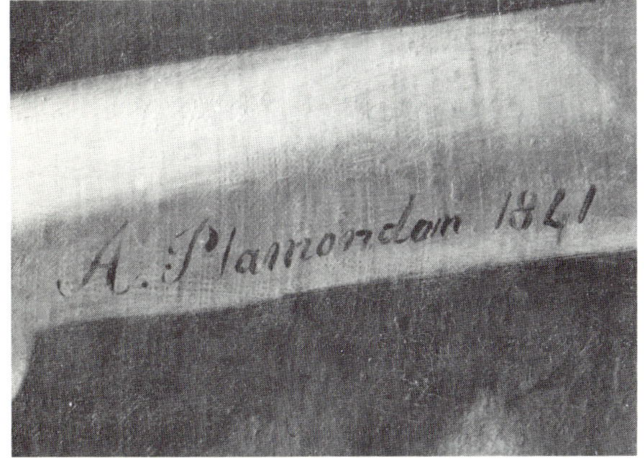

5. *Sœur Saint-Alphonse*   5. *Sister Saint-Alphonse*
   Détail: signature   Detail: signature

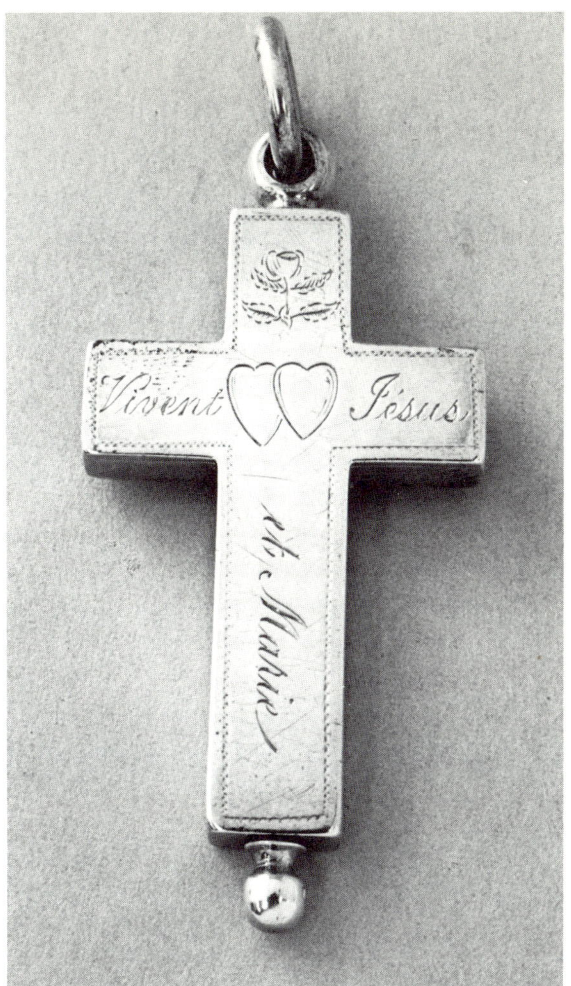

4. François Sasseville
   Croix pectorale   vers 1840
   Argent
   3 x 1-1/2 x 3/8 po (7,6 x 3,8 x 1,0 cm)
   GALERIE NATIONALE DU CANADA, OTTAWA
   (15837)

4. François Sasseville
   Pectoral Cross   c. 1840
   Silver
   3 x 1-1/2 x 3/8 in. (7,6 x 3,8 x 1,0 cm)
   THE NATIONAL GALLERY OF CANADA, OTTAWA
   (15837)

à cette époque qu'il donnera des leçons de peinture à Zacharie Vincent [1812–1886] et prendra Théophile Hamel [1817–1870] comme apprenti. En 1841, deux ans après avoir exposé son *Chemin de Croix* à Québec, on le retrouve comme professeur de dessin des novices de l'Hôpital général; c'est sans doute dans ce contexte qu'il peindra les portraits des sœurs Saint-Alphonse, Sainte-Anne et Saint-Joseph.

L'atelier de Plamondon, rue Desjardins, subit divers dégâts à cause d'un incendie en 1845. Cela le contraint à déménager dans une des chambres de l'ancien Château Haldimand (démoli en 1892 pour faire place au Château Frontenac). Quatre ans plus tard, on le mentionne à nouveau comme professeur au Séminaire de Québec. Cette année-là, il se porte à la défense des institutions monarchiques dans le *Journal de Québec* (7e année, n° 141, livraison du 3 novembre 1849 [p. 1]). Après avoir gagné un premier prix à l'exposition artistique, agricole et industrielle de Québec en 1850, il se retire à Neuville l'année suivante pour y installer son atelier.

Vers 1854, il prend Siméon Alary comme disciple et consent, en 1871, à peindre des portraits à partir de photographies. Neuf ans plus tard, il expose quinze tableaux dans une des chambres du Parlement de Québec et il est nommé vice-président fondateur de l'Académie royale des arts du Canada. Il présente alors comme pièce de réception une *Nature morte avec pommes et raisins* qui fait aujourd'hui partie de la collection de la Galerie nationale du Canada. Malgré son âge avancé, il demeure très actif, ornant de dix-huit tableaux l'église de Neuville en 1881 et en 1882. Ses dernières œuvres connues, trois portraits (*Joseph Doré*, *L'abbé Joseph Honoré Desruisseaux* et *L'abbé Ulric Rousseau*), datent de 1884. Le 4 septembre 1895, il meurt à Neuville où il est inhumé dans la crypte de l'église paroissiale.

Les meilleures années de son activité comme peintre se situent entre 1835 et 1845. À cette époque, Plamondon est en pleine possession de ses moyens. Son œuvre se partage essentiellement en deux groupes, les tableaux religieux et les portraits. Ses œuvres religieuses destinées à plusieurs églises du Québec sont surtout des copies de tableaux de la collection Desjardins et des interprétations à partir de gravures. Cet aspect de l'œuvre de Plamondon est très significatif mais ne semble pas présenter autant d'originalité que ses nombreux portraits de la bourgeoisie civile et religieuse de Québec. On lui connaît également quelques œuvres profanes fort intéressantes telles *La chasse aux tourtes* (1853), *Le flûtiste* (1866; deux autres versions en 1867 et en 1868), *Nature morte*

painting lessons to Zacharie Vincent (1812–1886), and that he had Théophile Hamel (1817–1870) as an apprentice. In 1841, two years after showing his *Stations of the Cross* in Quebec City, he was teaching drawing to the novices at the Hôpital général; this was probably how he came to paint the portraits of Sisters Saint-Alphonse, Sainte-Anne, and Saint-Joseph.

Plamondon's studio on Desjardins Street suffered substantial damage as the result of a fire in 1845, and he was forced to move into one of the rooms of the former Château Haldimand (demolished in 1892 to make way for the Château Frontenac). Four years later he is again mentioned as a teacher at the Séminaire de Québec. In that same year, 1849, he wrote an article in the *Journal de Québec* (no. 141, 3 November 1849, p. 1) that established his reputation as a staunch supporter of monarchical institutions. He won a first prize at an exhibition of art, agriculture, and industry in Quebec in 1850, and retired to Neuville the following year to set up his studio.

In about 1854 he took Siméon Alary as his pupil, and several years later, in 1871, Plamondon began to paint portraits from photographs. In 1880 he exhibited fifteen paintings in a room of the Quebec Parliament, and in that year was named founding vice-president of the Royal Canadian Academy. As his acceptance gift he presented the *Still-Life with Apples and Grapes*, which today belongs to the National Gallery of Canada in Ottawa. He remained very active although advanced in years, decorating the church at Neuville with eighteen paintings in 1881–1882. His last known works are three portraits (*Joseph Doré*, *Abbé Joseph-Honoré Desruisseaux*, and *Abbé Ulric Rousseau*), dating from 1884. He died at Neuville on 4 September 1895, and is buried in the crypt of the parish church.

Plamondon's most productive years were between 1835 and 1845, when he was at the height of his powers. His work can be divided into two groups: the religious paintings and the portraits. His religious works intended for churches in Quebec are primarily copies of pictures in the Desjardins Collection, and interpretations of engravings. This aspect of Plamondon's work is extremely important, but does not seem to reflect as much originality as his many portraits of the civil and religious bourgeoisie of Quebec City. He also produced a number of interesting secular works such as *Pigeon Hunt* (1853), *The Flute-Player* (1866; two other versions in 1867 and 1868), *Still-Life with Apples and Grapes* (1870), and *Shipwreck* (1882).

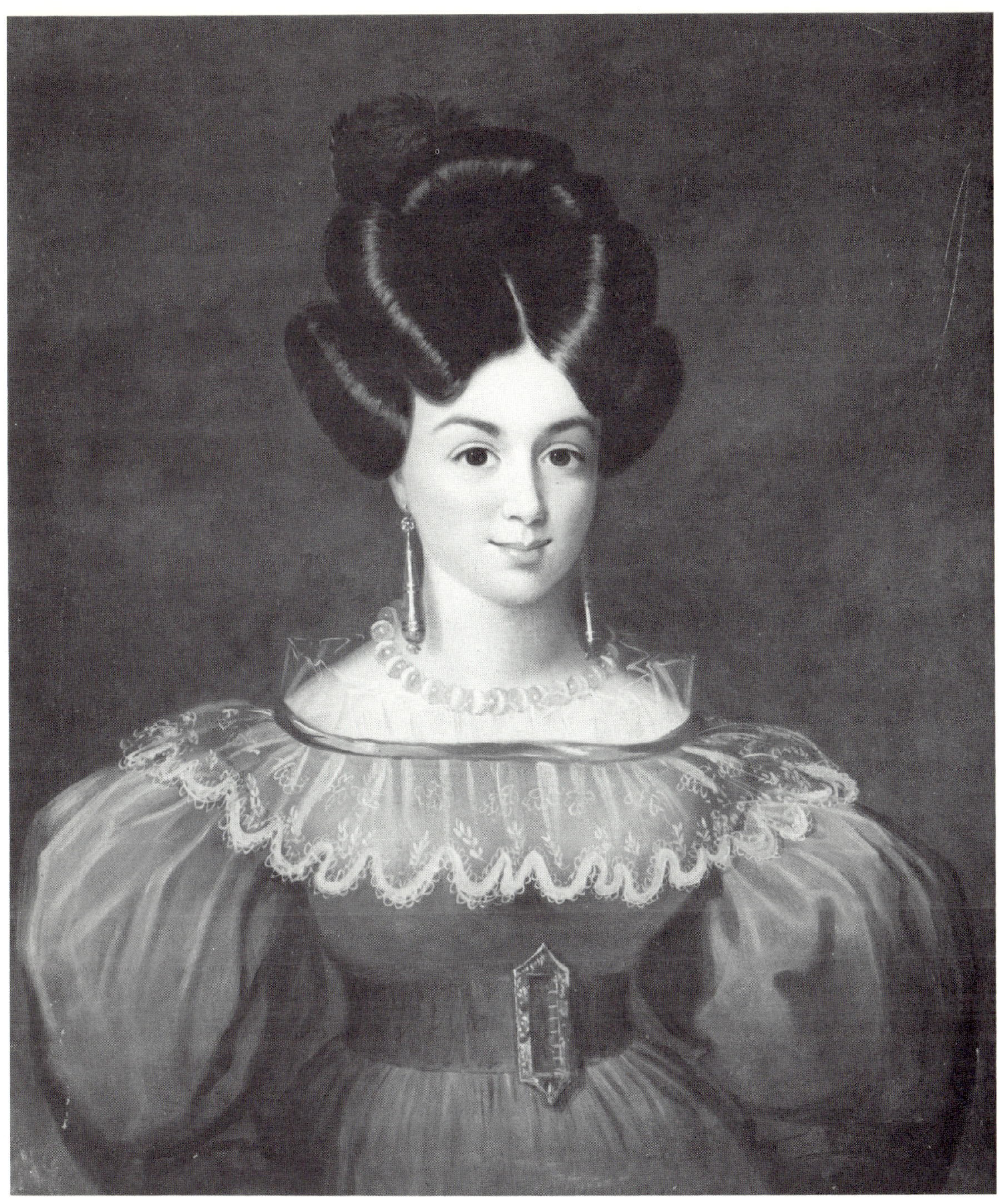

6. Antoine Plamondon
Marie-Louise Émilie Pelletier   vers 1835
Huile sur toile
29-11/16 x 25-1/8 po (75,4 x 63,8 cm)
COLLECTION PRIVÉE (QUÉBEC)

6. Antoine Plamondon
Marie-Louise Émilie Pelletier   c. 1835
Oil on canvas
29-11/16 x 25-1/8 in. (75.4 x 63.8 cm)
PRIVATE COLLECTION, QUEBEC CITY

aux pommes et raisins (1870) et *Naufrage* (1882).

Malgré son séjour en Europe, Plamondon n'était pas un homme extrêmement cultivé. Conservateur de nature, il possédait une culture générale assez superficielle qui transparaît d'ailleurs dans ses articles de journaux. Amateur de musique à ses heures, il achètera un orgue pour l'église paroissiale de Neuville, se réservant le privilège d'y jouer en certaines circonstances.

Généreux à l'occasion, Plamondon n'en était pas moins difficile. Ce célibataire endurci se disait orgueilleusement «élève de l'École française» et ne supportait pas la contradiction. Vaniteux et avide de gloriole, il se montrait hargneux vis-à-vis de ses concurrents, surtout les peintres étrangers de passage à Québec. Son intransigeance et son irascibilité se dégagent de ses attaques contre James Bowman (1833), Henry D. Thielke[1] (1838), Victor Ernette (1842), Andrew Morris (1844) et E. Martino (1874). Malgré tous ses défauts, Plamondon ne manquait heureusement pas d'une certaine sensibilité artistique qui se manifeste notamment dans son tableau *Sœur Saint-Alphonse*.

Le sujet

Marie-Louise Émilie Pelletier naquit à Québec le 29 juin 1816. Elle était la fille de Pierre Pelletier, négociant prospère, et de Marie Madeleine Morin. Elle avait à peine trois ou quatre ans lorsqu'elle perdit sa mère. Son père devait plus tard se remarier en prenant Élisabeth Moreau (ou Maureau) pour épouse. Demeurant dans la basse-ville, Émilie fréquenta d'abord l'école des sœurs de la Congrégation de Notre-Dame. Plus tard, elle fut pensionnaire au couvent des Ursulines. Élève douée, elle connut des succès rapides. À sa sortie du couvent, on dit qu'elle était élégante, gracieuse et cultivée. La fortune de son père lui permettait d'ailleurs de souligner sa beauté de riches parures. C'est ainsi que l'a d'abord peinte Plamondon vers 1835. À cette époque, l'artiste fit également les portraits de son père, de sa belle-mère et de deux de leurs enfants. Le tableau *Marie-Louise Émilie Pelletier* (fig. 6) nous la montre vêtue d'une

Despite his sojourn in Europe, Plamondon was not a very cultured man. He was conservative by nature, and his general grasp of culture was rather superficial, as is apparent from his newspaper articles. He was fond of music from time to time, and bought an organ for the parish church in Neuville; he was allowed to play it on certain occasions.

Although he could be generous at times, Plamondon was nevertheless a difficult man. A confirmed bachelor, he referred to himself proudly as a "pupil of the French School," and would brook no contradiction. He was vainglorious, and cantankerous with his competitors – especially with foreign painters passing through Quebec City. His intransigence and irascibility became apparent during his attacks on James Bowman (1833), on Henry D. Thielke[1] (1838), on Victor Ernette (1842), on Andrew Morris (1844), and on E. Martino (1874). Fortunately, in spite of all his faults Plamondon possessed an extreme artistic sensitivity – which is apparent in his portrait of *Sister Saint-Alphonse*.

The Subject

Marie-Louise Émilie Pelletier was born in Quebec City on 29 June 1816. She was the daughter of Pierre Pelletier, a prosperous merchant, and of Marie Madeleine Morin. At the age of no more than three or four she lost her mother. Her father later remarried, taking as his second wife Élisabeth Moreau (or Maureau). Émilie lived in Lower Town, and first attended the school run by the sisters of the Congrégation de Notre-Dame; later she was a boarder at the Ursuline convent. She was a gifted student, and made rapid progress. When she left the convent, she was said to have been elegant, gracious, and cultivated. Her father's fortune, moreover, enabled her to enhance her beauty with a sumptuous wardrobe, and this was how Plamondon first painted her around 1835. At this time the artist also painted portraits of her father, her stepmother, and two of their children. The painting *Marie-Louise Émilie Pelletier* (fig. 6) shows her in a beautiful blue dress embellished with a diaphanous white material and a belt with a golden

---

1. Relativement peu de renseignements sont disponibles sur ces artistes du milieu du XIXe siècle. Voir à leur sujet l'ouvrage de John Russell Harper: *Early Painters and Engravers in Canada*, University of Toronto Press [Toronto, 1970], xv, 376 pages.

1. Relatively little information about these mid-nineteenth century painters is available; see John Russell Harper's *Early Painters and Engravers in Canada* (Toronto: University of Toronto Press, 1970), xv–376 pp.

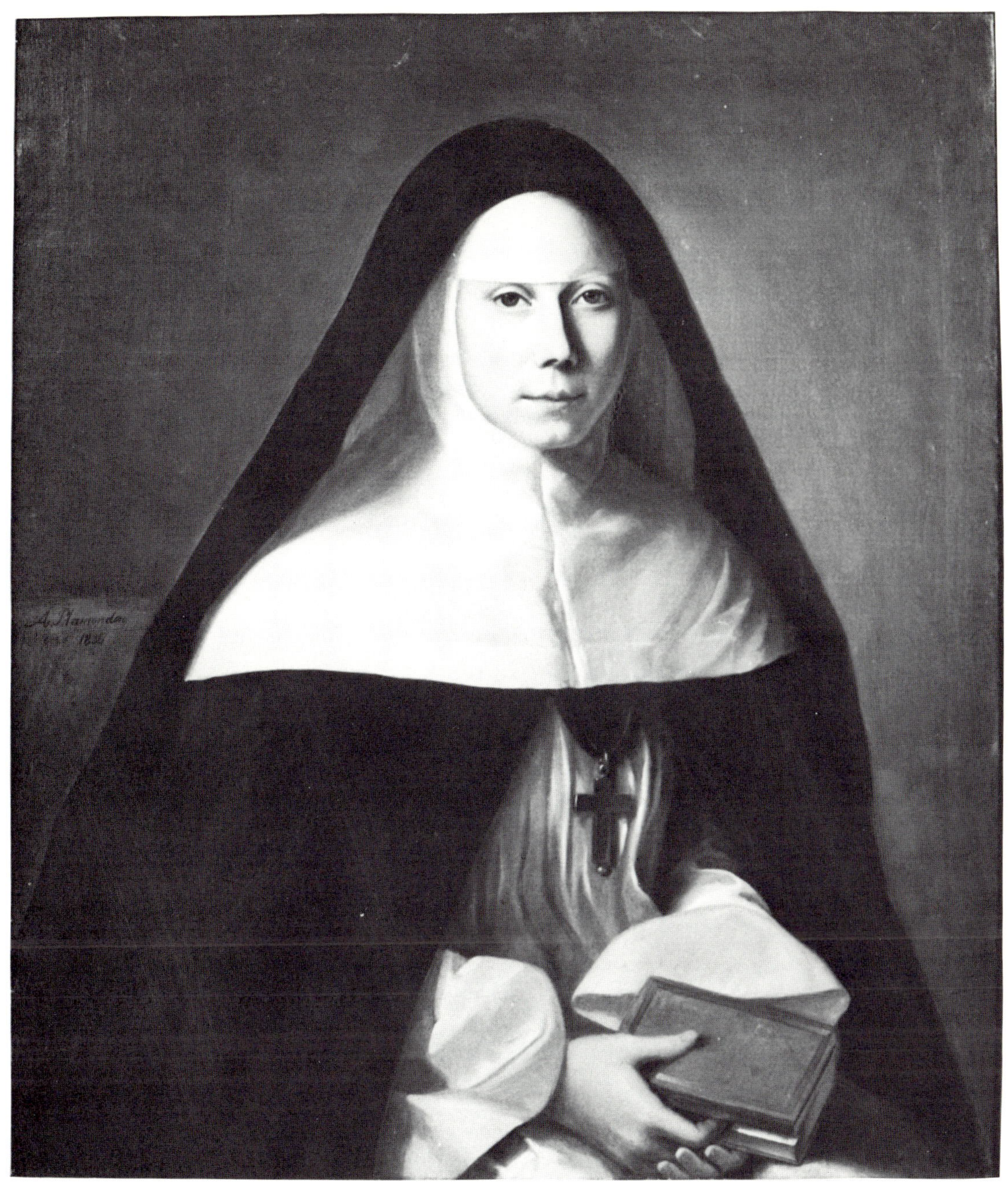

7. Antoine Plamondon
Sœur Sainte-Claire 1834
Huile sur toile
34 x 29 po (86,3 x 73,6 cm)
MUSÉE DE L'HÔPITAL GÉNÉRAL, QUÉBEC

7. Antoine Plamondon
Sister Sainte-Claire 1834
Oil on canvas
34 x 29 in. (86.3 x 73.6 cm)
MUSÉE DE L'HÔPITAL GÉNÉRAL, QUEBEC CITY

belle robe bleue rehaussée d'un transparent blanc et d'une ceinture à boucle d'or. Elle porte une haute coiffure retenue par un peigne marron. Son cou est orné d'un collier en grosses perles de cristal et des boucles dorées pendent à ses oreilles. Elle a des traits délicats, un grand regard captivant et des lèvres fines.

Cette jeune élégante de famille bourgeoise était liée d'amitié avec deux cousines, Lucie Bégin et Catherine Motz. Celles-ci l'accompagnaient volontiers dans les bals et les fêtes de la haute société de Québec et l'on imagine facilement les sentiments qu'elles pouvaient inspirer aux jeunes hommes qui les y rencontraient. Toutefois, les trio fut brisé vers 1837 lorsque les deux compagnes d'Émilie décidèrent d'entrer au cloître, l'une à l'Hôtel-Dieu, l'autre à l'Hôpital général. Dès lors, Émilie accorda moins d'importance aux divertissements, préférant, selon l'annaliste de l'Hôpital général, les bonnes œuvres et la visite des pauvres. C'est ainsi qu'elle fut amenée à refuser les hommages flatteurs de ses prétendants en choisissant d'entrer au couvent après avoir obtenu, non sans difficulté, le consentement de son père.

Elle atteignait sa vingt-deuxième année lorsqu'elle fut accueillie à l'Hôpital général le 19 avril 1838 en qualité de postulante de chœur. Son entrée avait été agréée par l'assemblée des vocales du 23 mars de la même année. En 1839, durant son stage probatoire, son père fit don à la communauté de deux œuvres de Joseph Légaré, une *Annonciation* et un tableau qui représenterait la vision de sainte Marguerite-Marie Alacoque. À la fin de son noviciat, son acte de profession, sous le nom de sœur Saint-Alphonse de Liguori, fut passé le 14 octobre 1839 au parloir principal de l'Hôpital général devant le notaire Antoine A. Parent, en présence de son père, de sa belle-mère et de quelques religieuses. Son père paya alors deux cents livres en espèces aux dames religieuses, subvenant ainsi à la dot, à la nourriture, à l'entretien et au trousseau de sa fille. Il défraya par la suite la pension viagère de celle-ci, pension qui s'élevait à dix livres par année. Le 15 octobre 1839, sœur Saint-Alphonse prononçait ses vœux solennels et signait son acte de profession. L'assemblée se composait cette fois de Joseph Signay [1778–1850], évêque de Québec, du frère Louis Bonami [1764–1848], dernier récollet de Québec, de plusieurs prêtres et de quelques autres personnages importants de Québec.

Une fois «mère de chœur», sœur Saint-Alphonse fut chargée de l'enseignement de l'anglais et des bienséances aux pensionnaires de l'Hôpital général. Assez bonne musicienne, elle jouait occasionnellement de l'orgue lors des offices. On dit qu'elle n'avait pas

buckle. Her abundant hair is held in place by a large chestnut-coloured comb, and she is wearing a necklace of crystal beads, and golden earrings. Her features are delicate; her lips are finely drawn, and her gaze is absolutely enchanting.

This elegant young bourgeoise had a close friendship with two cousins, Lucie Bégin and Catherine Motz. They were her willing companions at the balls and parties held by Quebec City's high society, and it is easy to imagine that they captivated any young men they met. The trio split up, however, around 1837, when Émilie's two companions decided to enter the cloister – one at the Hôtel-Dieu, and the other at the Hôpital général. From this point on Émilie seems to have lost interest in amusements, preferring – according to the chronicler for the Hôpital général – charitable works and visits to the poor. She consequently rejected the flattering homage of her suitors, and chose to enter the convent after obtaining – with some difficulty – her father's consent.

She was almost twenty-two when she was accepted at the Hôpital général on 19 April 1838 as a postulant for the choir. Her entrance had been approved by the chapter on 23 March of the same year. In 1839, during her probationary period, her father presented the community with two works by Joseph Légaré: an *Annunciation*, and a painting depicting the vision of Saint Marguerite-Marie Alacoque. At the end of her novitiate, the act of her profession as Sister Saint-Alphonse of Liguori was drawn up in the main parlour of the Hôpital général before notary Antoine A. Parent, on 14 October 1839, and her father, her stepmother, and several nuns were witnesses. Her father then paid two hundred pounds in cash to the sisters, contributing to the dowry, board, support, and trousseau of his daughter; he established a life annuity of ten pounds a year for her as well. On 15 October 1839, Sister Saint-Alphonse took her solemn vows and signed her act of profession. For this occasion, the gathering included Joseph Signay (1778–1850), Bishop of Quebec, Brother Louis Bonami (1764–1848), the last Recollect in Quebec, several priests, and a number of other people who were important in Quebec City.

When she became choir-mistress, Sister Saint-Alphonse was made responsible for teaching English to the boarders in the Hôpital général, and for giving them lessons in deportment. She was a fairly competent musician, and occasionally played the organ for the services. It was said that she was not always good-natured, but that she tried constantly to be

toujours bon caractère mais qu'elle faisait constamment des efforts d'humilité. Quoi qu'il en soit, elle était d'une santé très délicate et souvent portée à travailler au-delà de ses forces. Elle tomba malade à la fin du mois de janvier 1846 et expira le 11 février de la même année. Elle aurait succombé à des troubles cardiaques héréditaires, comme son père en 1843.

La place de Sœur Saint-Alphonse *dans l'œuvre d'Antoine Plamondon*

Le portrait tient une place de première importance dans l'œuvre d'Antoine Plamondon. On lui en connaît environ une cinquantaine. Ceux-ci dépeignent essentiellement la haute bourgeoisie de Québec: évêques, curés, abbés; seigneurs, hommes politiques, médecins, notaires, marchands, commerçants et leurs enfants. Lorsque Plamondon accédait aux demandes de ces bourgeois en peignant leurs portraits, il consacrait en quelque sorte leur importance sociale, leur prestige ou leur réussite financière. Fiers d'eux-mêmes, les clients de l'artiste se préoccupaient de leur ressemblance et désiraient souvent être peints avec les attributs de leur fonction.

À cet égard, les portraits de religieuses de Plamondon n'échappent évidemment pas à la règle. Nous en connaissons quatre: il s'agit dans tous les cas de jeunes religieuses de l'Hôpital général venant de familles aisées de Québec. Trois de ces portraits, y compris celui de sœur Saint-Alphonse, datent de 1841; l'autre fut exécuté en 1834.

Ce dernier (fig. 7) représente sœur Sainte-Claire née Henriette-Caroline Deblois [1806–1872]; elle était la fille de Vénérande Ranvoyzé et de ce fait la petite-fille de l'orfèvre François Ranvoyzé [1739–1819]. Elle avait vingt-huit ans lorsque Plamondon fit son portrait. Vêtue de la même façon que sœur Saint-Alphonse, elle porte une croix pectorale et tient un livre. La religieuse est assise sur un siège dont on voit le dossier à la gauche du tableau et, par conséquent, le mouvement de celui-ci se dessine sensiblement dans l'autre direction. Ce portrait ne manque pas de qualités mais on n'y retrouve pas la maîtrise qui se dégage du tableau *Sœur Saint-Alphonse*: la structure est plus faible; les manches semblent raides et on dirait que le peintre a éprouvé des difficultés à rendre les volumes en peignant le rochet. Quant au visage, il est timide, assez neutre et le modèle en est peu accusé.

Les trois portraits de religieuses que peindra Plamondon en 1841 font preuve de plus grandes quali-

The Significance of Sister Saint-Alphonse *in Plamondon's Work*

The portraits under consideration occupy a position of prime importance in the work of Antoine Plamondon. Approximately fifty works in this genre are known to have been painted by him, and essentially they depict the upper bourgeoisie of Quebec City: bishops, parish priests, clerics; and seigneurs, politicians, doctors, notaries, merchants, and businessmen – and their families. By accepting commissions to paint portraits of these bourgeois, Plamondon was in a way confirming their social importance, their prestige, or their financial success. These clients were proud of themselves, and were preoccupied with the exactitude of the likeness; frequently, they wanted to be painted with the symbols of their position in life.

In this regard, Plamondon's portraits of nuns are obviously no exception to the rule. We know of four, and in each case the subjects are young nuns from prosperous families in Quebec City, all serving at the Hôpital général. Three of these portraits, including the one of Sister Saint-Alphonse, were done in 1841; the other was painted in 1834.

The earliest portrait (fig. 7) depicts Sister Sainte-Claire (1806–1872), born Henriette-Caroline Deblois; she was the daughter of Vénérande Ranvoyzé, and therefore the grand-daughter of the silversmith François Ranvoyzé (1739–1819). She was twenty-eight when Plamondon painted her portrait. Dressed in the same way as Sister Saint-Alphonse, she is also wearing a pectoral cross and holding a book. She is sitting on a chair whose back is visible at the left; the movement in the picture is toward the right. This portrait is not without its good qualities, but it does not show the mastery of execution which distinguishes the picture of Sister Saint-Alphonse: the structure is weaker; the sleeves appear lifeless, and the artist seems to have had difficulties depicting the dimensions of the rochet; and the face itself is timid, almost devoid of expression, its relief poorly defined.

The three portraits of nuns which Plamondon paint-

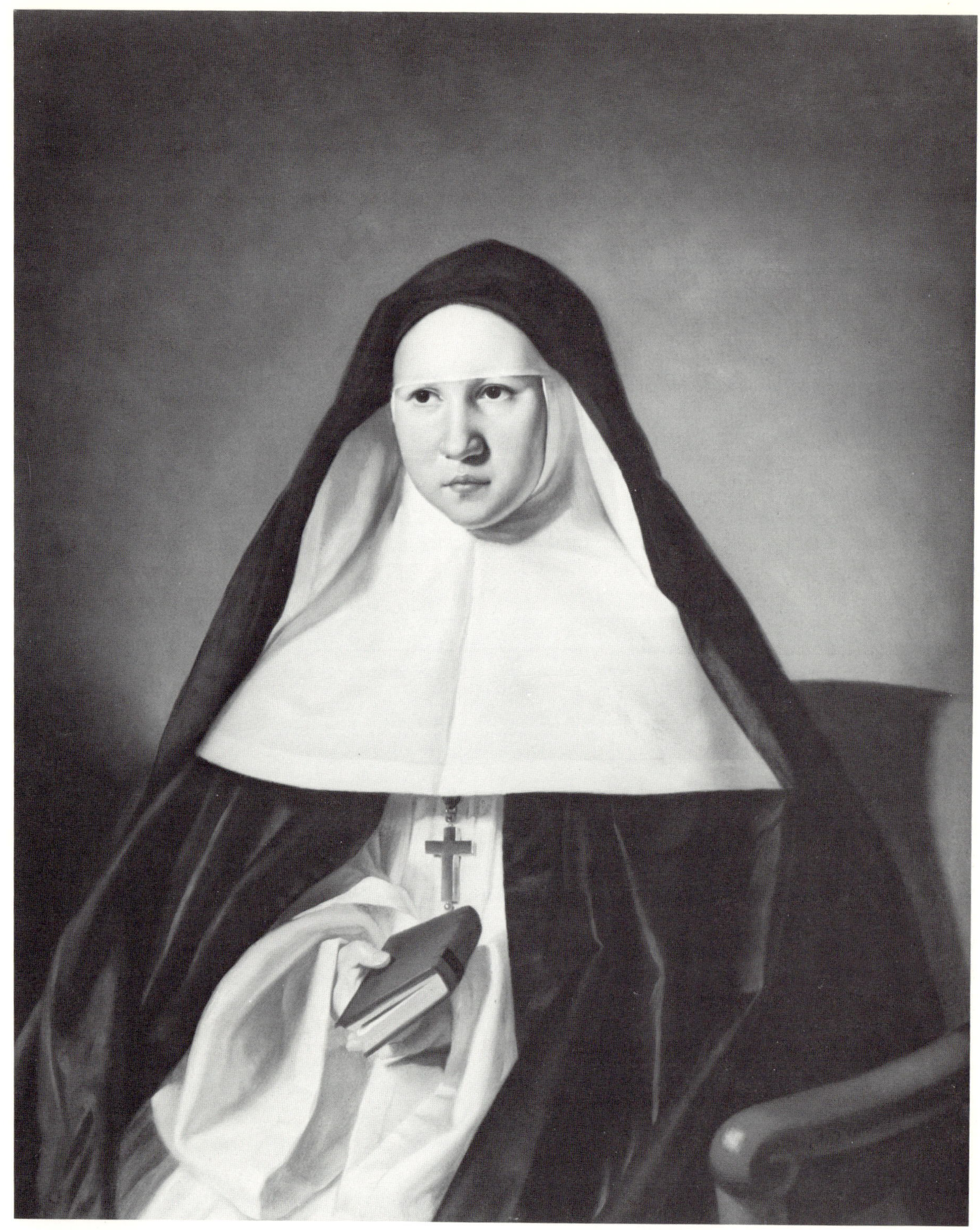

8. Antoine Plamondon
Sœur Saint-Joseph   1841
Huile sur toile
35 x 28 po (88,9 x 71,1 cm)
MUSÉE DE L'HÔPITAL GÉNÉRAL, QUÉBEC

8. Antoine Plamondon
Sister Saint-Joseph   1841
Oil on canvas
35 x 28 in. (88.9 x 71.1 cm)
MUSÉE DE L'HÔPITAL GÉNÉRAL, QUEBEC CITY

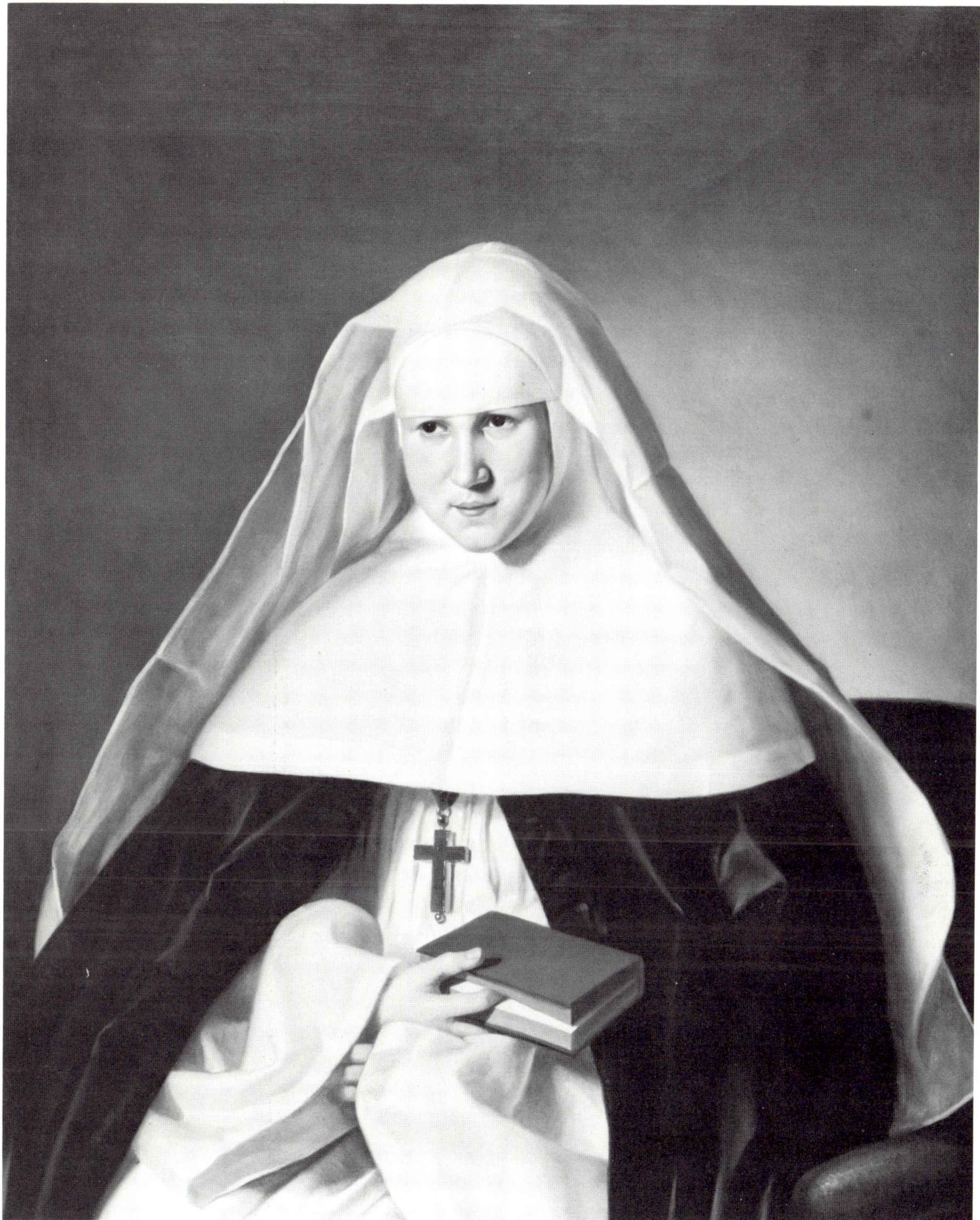

9. Antoine Plamondon
Sœur Sainte-Anne   1841
Huile sur toile
35 x 28 po (88,9 x 71,1 cm)
MUSÉE DE L'HÔPITAL GÉNÉRAL, QUÉBEC

9. Antoine Plamondon
Sister Sainte-Anne   1841
Oil on canvas
35 x 28 in. (88.9 x 71.1 cm)
MUSÉE DE L'HÔPITAL GÉNÉRAL, QUEBEC CITY

tés. Cette année-là, le peintre était au sommet de son art en plus d'être stimulé dans son travail pas la concurrence du peintre Victor Ernette qui, à cette époque, enseignait la miniature et la «peinture au thereum» (peinture au pochoir) aux professes de l'Hôpital général. On sait qu'en 1842 Ernette devra battre en retraite devant les attaques de Plamondon et s'embarquer pour la France.

À quelques variations près, les tableaux *Sœur Saint-Joseph* (fig. 8) et *Sœur Sainte-Anne* (fig. 9) sont analogues à *Sœur Saint-Alphonse*.[2] Sœur Saint-Joseph présente une physionomie songeuse tandis que sœur Sainte-Anne, qui porte le voile blanc des novices, fait montre d'une concentration intelligente. De ces trois œuvres se dégage un sens certain du réalisme tant au niveau des textures que du naturel des personnages. Ces qualités n'échappèrent pas aux contemporains de l'artiste. En effet, dans le journal *Le Canadien* (livraison du 20 août 1841[3]), «un ami de la peinture» souligne à juste titre la qualité exceptionnelle des trois portraits de religieuses que venait de peindre Plamondon cette année-là. Mettant en lumière les problèmes particuliers soulevés par ce type de portrait au niveau du visage et du costume, le commentateur félicite notamment l'artiste pour son sens du coloris.

L'auteur de l'article ne se trompait guère. Ces œuvres sont construites solidement suivant une composition savante et un sens nouveau de l'espace. Avec une grande sûreté de trait, Plamondon arrive à rendre toute la rondeur du modelé. Sur le chapitre de la couleur, il limite sa palette essentiellement au rouge, au noir et au blanc. Ses tons sont limpides et ses harmonies rendues avec une grande souplesse. Malgré l'austérité de son sujet, il arrive à conférer une sorte de spiritualité à la lumière, particulièrement grâce à une étude de la réflexion. Il parvient de la sorte à une pureté classique dépassant la simple recherche de la ressemblance.

Les religieuses de Plamondon sont présentes et bien senties, car il saisit les particularités profondes de chacune d'elles. Sa capacité de perception des caractères les plus variés est d'ailleurs typique de son

ed in 1841 are more impressive. It was his most productive year; and his work was further stimulated by competition from the painter Victor Ernette, who was teaching the painting of miniatures and theorum or formula painting to the professed nuns of the Hôpital général at that time. Plamondon attacked his competitor with such venom that a year later, in 1842, Ernette left for France.

With the exception of a few variations, the portraits of *Sister Saint-Joseph* (fig. 8) and *Sister Sainte-Anne* (fig. 9) are similar in composition to the portrait of *Sister Saint-Alphonse*.[2] Sister Saint-Joseph wears a thoughtful expression, and Sister Sainte-Anne's face, framed by the novice's white veil, reflects an intelligent concentration. These three works convey a striking sense of realism in the textures portrayed as well as in the naturalism of the subjects – and these qualities did not escape the attention and admiration of the artist's contemporaries. In the newspaper *Le Canadien* of 20 August 1841,[3] "An Art Lover" commented quite correctly on the exceptional quality of the three portraits of nuns painted by Plamondon during that year. Outlining the particular problems involved in the depiction of the face and dress in this type of portrait, the writer congratulated the artist especially on his sensitive use of colour.

The author of the article was reasonably accurate in his assessment. These three works are solidly constructed according to a carefully-planned composition, and reveal a new conception of space. With a masterful touch, Plamondon reproduces the planes and fullness of his model. As far as colour is concerned, he limits his palette essentially to red, white, and black. The tones are clear, and shades are blended smoothly and subtly. Despite the austerity of his subject, he imbues the lighting with a kind of spirituality, encircling his study with a reflected glow. In this way he achieves a classic purity and otherworldliness which transcends a mere attempt at realism.

Each of Plamondon's nuns have a vivid, life-like quality, because he knew how to capture the fundamental individuality of each. This ability to perceive and to portray a wide range of human types is typical

---

2. Sœur Saint-Joseph (1821–1850): Flore Guillet-Tourangeau est née à Saint-Roch de Québec; elle était la fille de Joseph Guillet-Tourangeau et de Judith Kemner-Laflamme. Sœur Sainte-Anne, sa sœur, avait reçu le prénom Marie-Mathilde [1824–1908] à sa naissance.

3. Voir l'Appendice.

2. Sister Saint-Joseph (1821–1850), or Flore Guillet-Tourangeau, was born in Saint-Roch de Québec; she was the daughter of Joseph Guillet-Tourangeau and Judith Kemner-Laflamme. Sister Sainte-Anne (1824–1908) was her sister; her secular name was Marie-Mathilde.

3. See Appendix.

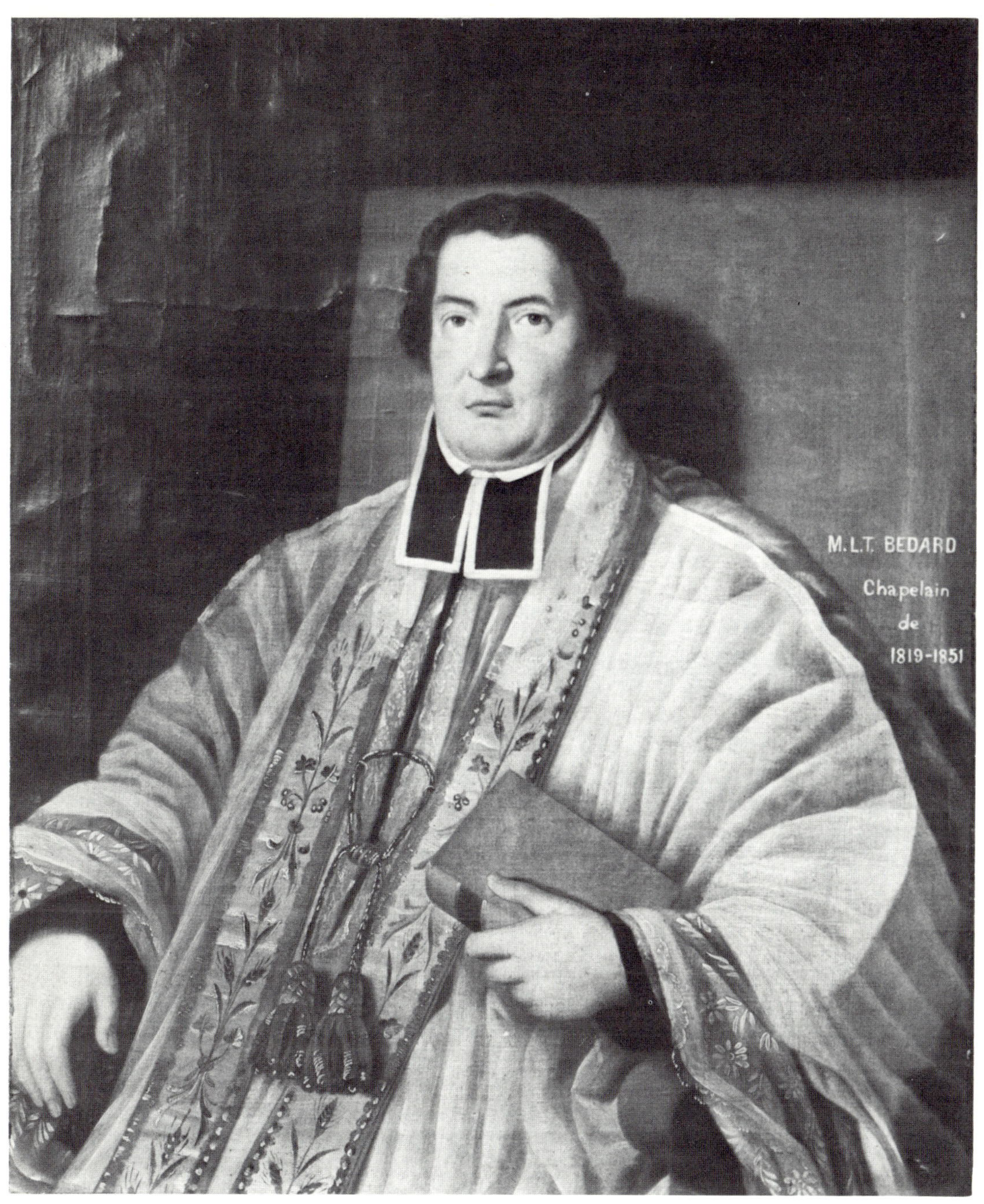

10. Antoine Plamondon
L'abbé Laurent-Thomas Bédard   *1842*
Huile sur toile
36 x 30 po (91,4 x 76,2 cm)
MUSÉE DE L'HÔPITAL GÉNÉRAL, QUÉBEC

10. Antoine Plamondon
Abbé Laurent-Thomas Bédard   *1842*
Oil on canvas
36 x 30 in. (91.4 x 76.2 cm)
MUSÉE DE L'HÔPITAL GÉNÉRAL, QUEBEC CITY

œuvre et l'on peut en trouver une confirmation dans le tableau *L'abbé Laurent-Thomas Bédard* (fig. 10) qu'il peint en 1842[4]. Le peintre y traduit cette fois la lourde prestance d'un aumônier de l'Hôpital général solidement campé dans la plénitude de son autorité morale. Par ses qualités de peintre et d'analyste de caractères, Plamondon s'avère un témoin fidèle de la haute société québécoise du milieu du XIXe siècle.

of his work, and is particularly apparent in the portrait of *Abbé Laurent-Thomas Bédard* (fig. 10), painted in 1842.[4] Here the artist has caught the pomposity of a chaplain from the Hôpital général, showing him firmly ensconced in the assurance of his complete moral authority. His expertise as a painter and as an analyst of human character make Plamondon a faithful and revealing chronicler of Quebec high society in the middle of the nineteenth century.

---

4. Laurent-Thomas Bédard [1787-1859] fut confesseur et chapelain à l'Hôpital général de Québec de 1819 à 1851. Dans le *Journal de l'Hôpital-Général de Québec* couvrant la période 1825 à 1843, nous avons trouvé (en date du 16 avril 1842) l'entrée suivante: «payer a Mr Plamondon atiste pour le Portrais de Mr Badard notre digne Chapelain 6£».

4. Laurent-Thomas Bédard (1787-1859) was confessor and chaplain at the Hôpital général in Quebec City from 1819 to 1851. In the *Journal de l'Hôpital Général de Québec* covering the period 1825–1843 the following entry appears, dated 16 April 1842: "Paid to Mr Plamondon the artist for the portrait of Mr Badard [sic] our worthy chaplain 6 £."

Appendice

Transcription intégrale d'un article paru dans le journal *Le Canadien* (vol. XI, n° 44, livraison du 20 août 1841 [p. 2]) à propos des trois portraits de religieuses de l'Hôpital général de Québec que venait de terminer le peintre Antoine Plamondon.

CORRESPONDANCE.

———

Monsieur,

Qu'il me soit permis de porter l'attention de vos lecteurs sur des ouvrages de l'art. M. Plamondon vient de terminer trois portraits qui sont maintenant exposés à son atelier, situé à la place de l'ancien théâtre. M. Plamondon est assez connu pour qu'il soit à peu près inutile de faire des observation sur ses ouvrages; mais comme les portraits qu'il vient de terminer sont d'un genre tout différent des portraits ordinaires et qu'il a fallu à l'artiste d'autres combinaisons pour obtenir les effets qu'il a produits, on ne doit pas laisser cette circonstance sous silence, d'autant plus que par une habitude vicieuse dans tous les pays, et particulièrement dans celui-ci on loue tout ce qui ne le mérite pas. Il faut d'abord dire, ce que tout le monde sait, que M. Plamondon travaille pour le public et non pour les particuliers; voilà, pourquoi, quelque soit le prix qu'on lui paie, il n'en est pas plus avare de son temps, et il n'en donne pas moins les beaux effets de son pinceau. La grande collection de l'église de Montréal en est une preuve récente. Les tableaux dont nous venons de parler, sont les portraits de trois religieuses dont l'une porte un voile blanc. Le peintre avait de grandes difficultés à surmonter, surtout dans le visage, presqu'entièrement couvert par un large bandeau serré qui étreint et qui contracte le front et les joues, et qui leur ote cette aisance et cette liberté que le peintre aime à reproduire et que l'on se plait à admirer. Il n'y avait pas dans cette partie l'avantage des beaux costumes antiques si libres et si gracieux; ainsi les belles formes du visages, les beaux contours étaient presqu'entièrement cachés. C'était donc de grandes difficultés à vaincre, puisque la figure occupe nécessairement le premier rang dans un portrait, le reste n'étant qu'accessoire. Toujours cherchant à produire du relief, ce qui est tant dans la nature, vous ne le verrez jamais éclairer ses portraits en face, ce qui est le comble du ridicule, mais bien aux deux tiers ou aux trois quarts. Qu'en cela l'artiste ne s'en prenne pas aux volontés des personnes, car il doit se roidir contre une volonté vicieuse. Sans cette manière d'éclairer un portrait, plus de contours, et par conséquent plus d'illusions; ce n'est plus que la peinture que l'on aperçoit partout. Vous verrez dans ces portraits de beaux contrastes d'ombres et de lumières, et cependant, de même que dans la nature, vous ne pourrez pas indiquer précisément l'endroit de la division parce que le peintre a travaillé ses contours, parce que, de

Appendix

Unabridged translation of an article which appeared in the newspaper *Le Canadien* on 20 August 1841, discussing three portraits – recently completed by the painter Antoine Plamondon – of nuns from the Hôpital général.

CORRESPONDENCE.

———

Sir,

May I take the liberty of directing the attention of your readers to certain works of art? Mr Plamondon has just completed three portraits which are now being shown in his studio, located on the site of the old theatre. Mr Plamondon is well-enough known that there would be little point in commenting on his work, but since the portraits he has just completed are of a type quite different from ordinary portraits, and since the artist has had to achieve his effects by other means, this event should not pass unnoticed, especially in view of the vicious habit prevalent in all countries, and particularly in this one, of praising everything that is undeserving. It should first be said that, as is generally known, Mr Plamondon's work is for the benefit of the public and not of individuals. Because of this, regardless of the fee that he receives, he is not miserly with his time, nor are the products of his brush any less splendid. The great collection in the church in Montreal offers recent proof of this. The pictures mentioned above are portraits of three nuns, one of whom is wearing a white veil. The painter had to overcome great difficulties, especially in regard to the face, which is almost entirely covered by a wide, tight band, which pulls together and constricts the forehead and cheeks, depriving them of that graceful openness and freedom which the painter so delights to depict and the viewer to admire. In this case there can be no recourse to the fine old costumes, so splendid in their free-flowing grace; the beauty of the facial contours have been almost entirely hidden. The problems to be surmounted were immense, since the face necessarily occupies a position of prime importance in a portrait, and the remainder is but an accessory. Endeavouring always to bring out the relief, which is so naturalistic, he never portrays his subjects full face – height of preposterousness – but rather at a two-third or three-quarter turn. In this the artist must not be swayed by the wishes of his clients, and he must remain firm in spite of unconstructive suggestions. Without the oblique lighting entailed in painting the face at an angle there would be no contours or relief, and hence no mystery, and the painting would be just one more ordinary work. In these portraits you will see magnificent contrasts of light and shade; however, as in Nature herself, you will be unable to determine pre-

l'extrême des ombres à l'extrême de la lumière, il a modifié ses teintes par des nuances imperceptibles. Je me tourne maintenant vers les draperies vers lesquelles je me sens attiré par un charme dont je ne suis pas maître. Quelle beauté dans ces draperies? Avec quel naturel et quel abandon les a-t-il jetées sur ses personnages? Quelle liberté dans les plis du manteau? quelle grâce et quel fini dans les contours? quelle flexibilité? quel moëlleux dans les manches? et quel doux et admirable transparent: vous êtes dans une illusion complète, vous portez la main pour manier les vêtements. Malgré que l'artiste dans les trois portraits, eût à reproduire, le même costume, voyez comme il a réussi à varier sa disposition, à différencier les plis, et les effets des ombres et des lumières. Une difficulté que le peintre avait à surmonter, mais qui devait en partie disparaître quand les portraits rentreraient dans les familles respectives, était la monotonie des poses à laquelle exposait l'habitude invariable des dames religieuses à prendre la même position. Il y a suppléé autant qu'il lui a été possible par la disposition des draperies, comme nous l'avons dit tout à l'heure. Je ne vous ai rien dit des poses proprement dites, je ne crois pas cela nécessaire, puisqu'on ne peut pas supposer qu'un peintre habile puisse manquer dans cette partie, du moins d'une manière flagrante, je vous dirai cependant, et vous le verrez comme moi, qu'elles sont nobles, et les personnes sont assises si naturellement, et avec tant de liberté, qu'on dirait qu'elles ignoraient qu'elles posaient pour se faire peindre. N'allez pas croire cependant qu'on puisse atteindre facilement ces beaux effets de la peinture, et que pour y parvenir il n'y ait qu'à reproduire machinalement ce que l'on voit devant soi; vous vous trompez, la nature n'est pas toujours ce qu'elle doit être. Elle a des formes qui sont plus belles les unes que les autres, des dispositions, si je puis m'exprimer ainsi, qui sont plus naturelles, plus vraies, plus belles, du moins, soit par rapport aux personnes, soit par rapport aux draperies, et souvent il y a de beaux effets dans la nature que le peintre inhabile est impuissant à reproduire, parce qu'il n'a pas le secret de son art, ou pour mieux m'exprimer, parce qu'il n'a pas le secret de la nature. Car la nature c'est le livre des grands artistes; ils la creusent et la développent à l'infini, pour lui arracher tout ce qu'elle cache de trésors et de richesses, tandisque le peintre ignorant ne fait qu'effleurer sa surface, où ce qu'il trouve de beau il le dénature et le rend méconnaissable. Quand l'artiste doit traiter un sujet il fait précisément comme le littérateur, il l'étudie, il le médite, il examine tout ce qu'il peut lui fournir intrinsèquement, et tout ce qui lui manque; alors il cherche à remplir ce vide, et c'est cette difficulté à vaincre qui lui fait souvent trouver de beaux et magnifiques résultats. Il est vrai que cette difculté ne se rencontre pas autant dans un simple portrait que dans un tableau de genre, mais elle s'y rencontre, et comme les moyens sont moins grands dans les portraits, souvent la difficulté en est aussi grande.

Maintenant que vous avez considéré l'ensemble des portraits, approchez-vous de plus près, pour examiner les détails; voyez avec quel soin le tout est travaillé, cherchez

cisely where the two divide because the painter has moulded his countours, modifying his colours by imperceptible nuances between the extremes of light and shade. I shall now consider the costume, which attracts me with a charm I cannot master. What beauty there is in this costume! How naturally and impulsively he has clothed his subjects! What freedom there is in the folds of the mantle! What grace and what finesse of outline. What suppleness! What flowing sleeves! And how soft and marvellous the diaphanous veil; the illusion is perfect, you want to reach out to touch the garments. Although the artist had to reproduce the same costume in the three portraits, he has achieved a variation in his treatment by a differentiation in the folds and in the effects of light and shade. One difficulty which the painter had to deal with (which will disappear to a certain extent when the portraits return to their respective families), is the monotony of the pose – the nuns invariably assumed the same position. He has compensated for this as much as possible by altering the disposition of the costume, as we mentioned previously. I have said nothing of the poses as such; I do not feel that to be necessary, since one would hardly suppose a talented painter to be deficient in this regard, at least not flagrantly so; I will however state, (and you will see it is so), that they are dignified, and that the subjects are sitting so naturally, and with such ease, that they seem to be unaware that they were posing for their portraits. Do not assume, however, that such effects in painting can be achieved easily, or that the sole requisite is to reproduce mechanically what one sees in front of one; you would be mistaken, for Nature is not always as she should be. Some of her forms are more beautiful than others; some of her arrangements, if I may express myself thus, are more natural than others, truer, lovelier, at least in relation to people and costumes, and there are many fine effects which the untalented painter is incapable of reproducing, because he does not possess the secrets of his art, or, more properly, the secrets of Nature. For Nature is the book of great artists; they constantly fathom and uncover her secrets, wresting from her hidden wealth and treasures, while the ignorant painter does no more than scratch the surface, distorting and rendering unrecognizable whatever beauty he finds therein. When an artist approaches a subject, he does precisely the same thing as the writer; he studies it, contemplates it, examines the intrinsic qualities it offers him and those which it lacks. He then seeks to fill this void, and it is the surmounting of this obstacle which leads him frequently to splendid and magnificent results. It is true that this difficulty is not encountered as often in a simple portrait as in a genre picture, but it does occur, and since the portraitist's resources are relatively fewer, the difficulty is often equally great.

Now that you have considered the portraits as a whole, come closer and examine the details. Note the care used in the execution; see if you can find the trace of a brushstroke. No, you will find none, it can't be seen, and this is another secret of the accomplished artist, who unveils the picture

voir si vous trouverez la trace du pinceau. Non, vous ne la trouverez pas, elle vous échappe, et c'est encore là le secret de l'artiste habile, qui dérobe la peinture à vos yeux pour ne faire paraître que la nature; ici la comparaison s'établit encore avec le peintre et l'écrivain; tous deux ils s'efforcent de faire disparaître le travail, pour ne montrer que ce qui est naturel, libre; car la nature est libre et sans contrainte dans ses formes. Je vous éloigne peut-être un peu trop souvent du sujet pour vous porter à des coesidérations artistiques; mais c'est pour que vous en fassiez de suite l'application aux tableaux dont je vous entretiens. Approchez-vous et voyez comme le peintre a bien reproduit ce mouillé de l'œil, cette larme qui vient de sortir à peine des glandes lacrimales, ce cristal de la cornée transparente, sans quoi le peintre n'a rien obtenu, puisqu'il n'a pas obtenu la vie, qu'il avait à donner à son tableau, et qu'il n'a reproduit que l'orbe éteint d'une statue. Quant au coloris de M. Plamondon, qui est la plus éminente partie de son talent, il n'a pas d'égal en deça de la mer; ce que nous disons ici ne vient pas de nous seulement, notre témoignage est appuyé de celui d'une multitude d'étrangers connaisseurs, et de toutes personnes sensées. Souvent vous verrez des personnes visiter son atelier, et lui dire: "Mais toujours, Monsieur, comment se fait-il donc que vos couleurs sont plus belles, plus riches que celles de tel ou tel autre? Est-ce que vous employez de meilleures couleurs?" Il ne leur répond pas ou bien il lève les épaules, comme s'il leur disait: "ce n'est pas cela; les couleurs qu'ils emploient sont les mêmes, viennent de chez le même marchand, mais la différence consiste dans la manière de les préparer et de les appliquer. Il y en a pourtant qui les préparent bien, mais qui les salissent en les appliquant."

Uy Ami de la Peinture.

before your eyes, revealing nothing but Nature. Here as well the comparison between the painter and the writer applies. Both strive to eradicate the traces of their labours, to show only what is natural, free, for Nature in all its manifestations is free and without constraint. I am perhaps digressing too often from the subject to refer you to artistic matters, but the purpose of this is to enable you subsequently to appreciate the paintings under discussion. Come closer and see how the painter has caught the moistness of the eye, the tear just emerging from the tear duct, the crystalline transparency of the cornea, without which the painting would be nothing – for the artist would have failed to create the life-like realism with which he should imbue his picture, and would have reproduced simply the dead eyeballs of a statue. Mr Plamondon's use of colour – which is the most impressive aspect of his talent – is the best on this side of the ocean. Our comments here do not merely represent our own opinion, but are corroborated by a host of foreign connoisseurs and by all knowledgeable people. You will often see people visit his studio and say to him: "How is it, Sir, that your colours are more beautiful and richer than So-and-so's? Do you use better colours?" He does not reply, or merely shrugs his shoulders, as if to say: "That is not it – they use the same colours, bought from the same merchant; the difference arises from the way in which they are prepared and applied. There are those who prepare them properly, but who spoil them in the application."

An Art Lover

Bibliographie générale

I *Archives et sources manuscrites*

Archives de l'Hôpital général de Québec, Journal du noviciat, t. I, du 15 janvier 1837 au 29 décembre 1857, 234 pages.

Archives du Séminaire de Québec, Journal du Séminaire de Québec, vol. I. (Voir p. 26 et 84)

Archives paroissiales de l'Ancienne-Lorette, Registre des baptêmes, mariages et sépultures de la paroisse Notre-Dame de L'Annonciation, Ancienne Lorette pour l'année mil huit cent quatre.

Inventaire des œuvres d'art du Québec, dossier *Antoine Plamondon.*

II *Imprimés*

A. M. Plamondon, Peintre, lettre ouverte de Henry D. Thielke à Antoine Plamondon, dans *Le Canadien* de Québec, vol. VIII, n° 62, livraison du 26 septembre 1838 [p. 2].

Harper (John Russell): *Early Painters and Engravers in Canada,* University of Toronto Press [Toronto, 1970], xv, 376 pages. (Note: cet ouvrage comprend une bibliographie détaillée sur Antoine Plamondon)

Morisset (Gérard): *Antoine Plamondon (1804–1895),* dans *Vie des Arts,* n° 3 (mai-juin 1956), p. 6–13.

————: *Le peintre américain Thielke au Bas-Canada,* dans *Le Canada* de Montréal, vol. XXIII, n° 81, livraison du 10 juillet 1935, p. 2.

————:*Un peintre monarchiste,* dans *Le Canada* de Montréal, vol XXXIII, n° 301, livraison du 30 mars 1936, p. 2.

————: *Peintres et tableaux,* Les éditions du chevalet, Québec, 1936–1937, 2 volumes.

————: *Les prouesses picturales d'Antoine Plamondon,* dans *L'Evénement* de Québec, 68e année, n°s 193, 194 et 195, livraisons des 15, 16 et 17 janvier 1935.

Rosenberg (Pierre): *Six tableaux de Plamondon d'après Stella, Cigoli, Mignard et Jouvenet,* dans la revue *M,* vol. 2, n° 4, 1971, p. 10–13.

General Bibliography

I *Archival Material*

Archives of the Hôpital général de Québec, *Journal du noviciat,* vol. I (15 January 1837–29 December 1837), 234 pp.

Archives of the Séminaire de Québec, *Journal du Séminaire de Québec,* vol. I (See pp. 26 and 84).

Inventaire des œuvres d'art du Québec, Quebec City, *Dossier Antoine Plamondon.*

Parish archives for Ancienne-Lorette, *Registre des baptêmes, mariages et sépultures de la paroisse Notre Dame de L'Annonciation, Ancienne Lorette pour l'année mil huit cent quatre.*

II *Printed Material*

"A. M. PLAMONDON, Peintre" (open letter from Henry D. Thielke to Antoine Plamondon). *Le Canadien* (Quebec City), vol. VIII, no. 62 (26 September 1838), p. 2.

Harper, John Russell. *Early Painters and Engravers in Canada.* Toronto: University of Toronto Press, 1970. xv–376 pp. This work contains a detailed bibliography of works concerning Antoine Plamondon.

Morisset, Gérard. "Antoine Plamondon (1804–1895)," *Vie des Arts* (Montreal), no. 3 (May–June 1956), pp. 6–13.

————. "Le peintre américain Thielke au Bas-Canada," *Le Canada* (Montreal), vol. XXIII, no. 81 (10 July 1935), p. 2.

————. "Un peintre monarchiste," *Le Canada* (Montreal), vol. XXXIII, no. 301 (30 March 1936), p. 2.

————. *Peintres et tableaux.* Quebec City: Les Éditions du Chevalet, 1936–1937. 2 vols.

————. "Les prouesses picturales d'Antoine Plamondon," *L'Evénement* (Quebec City), nos 193, 194, and 195, (15, 16, and 17 January 1935).

Rosenberg, Pierre. "The artists who influenced Plamondon," *M*(Montreal), vol. II, no. 4 (1971), pp. 10–13.

Bibliographie relative à la toile d'Ottawa

I *Archives et sources manuscrites*

Archives de l'Hôpital général de Québec

Acte de profession de la Sœur St Alphonse de Liguori à L'Hopital Général (passé devant le notaire Antoine A. Parent, n.p. [notaire public], le 14 octobre 1839), dans Actes de Profession. Contrats relatifs à la Dot des Religieuses, no 1 à 90, année 1717–1845 (voir n° 76).

Acte de Profession de Sr Marie Emilie Pelletier de St Alphonse de Liguori, dans Cédules des Vœux (des religieuses décédées), parchemin conservé dans un coffret de documents divers.

Entrées 1822–1861, 135 pages (voir p. 25).
Journal de recettes et dépenses, 1825–1861 (voir les années 1840–1841).
Journal, 1825–1867, 503, ii, ix pages (voir p. 126–130).
Journal tenu par les Novices, du 15 janvier 1837 au 29 décembre 1857, 234 pages (voir p. 13 et 18).

Galerie nationale du Canada, dossier *Antoine Plamondon Sœur Saint-Alphone* dans *Dossiers de la conservation* (voir la lettre écrite le 6 novembre 1937 par Mᵐᵉ Anton Schwartz).

II *Sources imprimées*

Alford (John): *The development of painting in Canada*, dans *Canadian Art*, vol. II, n° 3 (février–mars 1945), p. 94–103.

Uy [sic] ami de la peinture: *Correspondance*, dans *Le Canadien* de Québec, vol XI, n° 44, livraison du 20 août 1841 [p. 2].

Anonyme: *Monseigneur de Saint-Vallier et l'Hôpital Général de Québec*, C. Darveau, Québec, 1882, 743 pages.

Boggs (Jean Sutherland): *The National Gallery of Canada*, Oxford University Press, Toronto, 1971, 136 pages.

Garlick (Kenneth): *Great Art and Artists of the World. British and North American Art to 1900*, Franklin Watts Inc., New York [1965], 250 pages.

Greening (W. E.): *Nineteenth-century painting in French Canada*, dans *Connoisseur* vol, CLVI (août 1964), p. 289–291.

Harper (John Russell): *La peinture au Canada des origines à nos jours*, Les Presses de l'université Laval [Québec, 1966], 422 pages.

—————: *Three Centuries of Canadian Painting*, dans *Canadian Art*, vol. XIX, n° 82, 1962, p. 405–452.

Hubbard (Robert Hamilton): *An Anthology of Canadian Art*, Oxford University Press, Toronto, 1960, 187 pages.

Bibliography of the Ottawa Plamondon

I *Archival Material*

Archives de l'Hôpital général de Québec:

"Acte de profession de la Sœur St Alphonse de Liguori à L'Hopital Général" (In the presence of Antoine A. Parent, public notary, 14 October 1839), in *Actes de Profession*. "Contrats relatifs à la Dot des Religieuses, no 1 à 90, année 1717–1845" (cf. no. 76).

"Acte de Profession de Sr Marie Emilie Pelletier de St Alphonse de Liguori," in *Cédules des Vœux (des religieuses décédées)*. Manuscript held in a small chest containing various documents.

Entrées 1822–1861, 135 p. (cf. p. 25).
Journal 1825–1867, 503–ii–IX p. (cf. pp. 126–130).
Journal de recettes et dépenses 1825–1861 (cf. 1840–1841).
Journal tenu par les Novices (15 January 1837–29 December 1857), 234 p. (cf. pp. 13 and 18).

The National Gallery of Canada. "Antoine Plamondon File: Portrait of Sister Saint-Alphonse," in *Curatorial Files* (cf. letter from Mrs. Anton Schwartz, 6 November 1937).

II *Printed Material*

Alford, John. "The Development of Painting in Canada," *Canadian Art*, vol. II, no. 3 (February–March 1945), pp. 94–103.

"An Art Lover," "Correspondance" in *Le Canadien* (20 August 1841), p. 2.

Anonymous. *Monseigneur de Saint Vallier et l'Hôpital Général de Québec*. Quebec: C. Darveau, 1882. 743 pp.

Boggs, Jean Sutherland. *The National Gallery of Canada*. Toronto: Oxford University Press, 1971. 136 pp.

Garlick, Kenneth. *Great Art and Artists of the World. British and North American Art to 1900*. New York: Franklin Watts Inc., 1965. 250 pp.

Greening, W. E. "Nineteenth-Century Painting in French Canada," *Connoisseur*, vol. CLVI (August 1964), pp. 289–191.

Harper, John Russell. *Painting in Canada. A History*. Toronto: University of Toronto Press, 1966. 443 pp.

—————. "Three Centuries of Canadian Painting," *Canadian Art*, vol. XIX, no. 82 (1962), pp. 405–452.

Hubbard, R. H. *An Anthology of Canadian Art*. Toronto: Oxford University Press, 1960. 187 pp.

—————. *The Development of Canadian Art*. Ottawa: The Queen's Printer, 1963. 137 pp.

———: *L'évolution de l'art au Canada*, Imprimeur de la Reine, Ottawa, [1964], 137 pages.

———: *Growth in Canadian Art*, dans *The Culture of Contemporary Canada*, The Ryerson Press and Cornell University Press, Toronto et Ithaca [1957], 404 pages. (Voir p. 95–142)

———: *Ninety-Year Perspective*, dans *Vie des Arts*, vol. XIV, n° 58 (printemps 1970), p. 22–29.

———: *Primitives with character: a Quebec school of the early nineteenth century*, dans *Art Quarterly*, vol. XX, 1957, p. 17–29.

Morisset (Gérard): *À propos d'une illusion de perspective*, dans *L'Action catholique* de Québec, 38e année, n° 11787, livraison du 28 avril 1945, p. 4.

———: *Coup d'œil sur les arts en Nouvelle-France*, Presses de Charrier et Dugal Limitée, Québec, 1941, xi, 170 pages.

Reid (Dennis): *A Concise History of Canadian Painting*. Oxford University Press, Toronto, 1973, 319 pages.

The National Gallery of Canada. Catalogue. Paintings and Sculpture, vol. III: *Canadian School*, R. H. Hubbard, réd., University of Toronto Press, Toronto, 1960, 463 pages.

———. "Growth in Canadian Art," *The Culture of Contemporary Canada*. Toronto and Ithaca: The Ryerson Press and Cornell University Press, 1957. 404 pp. (cf. pp. 95–142).

———. ed. *The National Gallery of Canada. Catalogue. Paintings and Sculpture*. Vol. III: *Canadian School*. Toronto: University of Toronto Press, 1960. 463 pp.

———. "Ninety-Year Perspective," *Vie des Arts*, vol. XIV no. 58 (Spring 1970), pp. 22–29.

———. "Primitives with Character: A Quebec School of the Early Nineteenth Century." *Art Quarterly*, vol. XX (1957), pp. 17–29.

Morisset, Gérard. "À propos d'une illusion de perspective," *L'Action catholique* (28 April 1945), p. 4.

———. *Coup d'œil sur les arts en Nouvelle-France*. Quebec: Charrier et Dugal, 1941. xi–170 pp.

Reid, Dennis. *A Concise History of Canadian Painting*. Toronto: Oxford University Press, 1973. 319 pp.

Expositions

1938
Tate Gallery (Londres), *A Century of Canadian Art* (p. 27, cat. n° 185).

1944
Yale University Art Gallery (New Haven, Connecticut), *Canadian Art 1760–1943* [n.p., pas de n° de cat.].

1945
The Art Gallery of Toronto, *Le développement de la peinture au Canada (1665–1945)* (p. 13, cat. n° 15). Exposition présentée aussi à l'Art Association of Montreal, à la Galerie nationale du Canada et au Musée du Québec.

1946
Albany Institute of History and Art, *Painting in Canada. A Selective Historical Survey* (p. 25, cat. n° 18).

1946
The Detroit Institute of Arts, *The Arts of French Canada* (p. 48, cat. n° 226). Exposition présentée aussi à Cleveland, Albany, Montréal, Ottawa et Québec.

1949
Virginia Museum of Fine Arts (Richmond), *Exhibition of Canadian Painting, 1668–1948* (p. 10, cat. n° 60).

1951
The Detroit Institute of Arts, *The French in North America 1520–1880* (p. 61, cat. n° 87).

1967
Galerie nationale du Canada (Ottawa), *Trois cents ans d'art canadien*, catalogue par R. H. Hubbard et Jean-René Ostiguy (p. 58–59, cat. n° 93).

1970
Galerie nationale du Canada (Ottawa), *Deux peintres du Québec. Antoine Plamondon/1802–1895. Théophile Hamel/1817–1870*, catalogue par R. H. Hubbard (p. 79–80, cat. n° 28).

Exhibitions

1938
London, Tate Gallery, *A Century of Canadian Art*, 1938, p. 27, cat. no. 185.

1944
New Haven, Connecticut, Yale University Art Gallery, *Canadian Art 1760–1943*, 1944, [n. p., no cat. no.].

1945
Toronto, The Art Gallery of Toronto, *The Development of painting in Canada (1665–1945)*, 1945, p. 13, cat. no. 15. (Also exhibited in Montreal, Ottawa, and Quebec City).

1946
Albany, Albany Institute of History and Art, *Painting in Canada. A Selective Historical Survey*, 1946 p. 25, cat. no. 18.

1946
Detroit, The Detroit Institute of Arts, *The Arts of French Canada*, 1946, p. 48, cat. no. 226. (Also exhibited in Cleveland, Albany, Montreal, Ottawa, and Quebec City).

1949
Richmond, Virginia Museum of Fine Arts, *Exhibition of Canadian Painting, 1668–1948*, 1949, p. 10, cat. no. 60.

1951
Detroit, The Detroit Institute of Arts, *The French in North America, 1520–1880*, 1951, p. 61, cat. no. 87.

1967
Ottawa, The National Gallery of Canada, *Three Hundred Years of Canadian Art*, catalogue by R. H. Hubbard and Jean-René Ostiguy, 1967, pp. 58–59, cat. no. 93.

1970
Ottawa, The National Gallery of Canada, *Two Painters of Quebec: Antoine Plamondon/1802–1895. Théophile Hamel/1817–1870*, catalogue by R. H. Hubbard, 1970. pp. 79–80. cat. no. 28.

Antoine-Sébastien Plamondon	Canada	Europe
29 février 1804 Naissance à l'Ancienne-Lorette		1804 Sacre de Napoléon
		1806 Blocus continental
	1812 Invasion américaine Naissance de Zacharie Vincent	1807 David: *Le Sacre de Napoléon*
		1814 Ingres: *La grande odalisque*
		1814–1815 Congrès de Vienne
	1817 Vente de la collection Desjardins Naissance de Théophile Hamel	1815 Rétablissement de la monarchie en France
1819–1825 Apprenti de Joseph Légaré		1820 Lamartine: *Méditations poétiques*
1823 Travaille avec Louis-Hubert Triaud à la restauration de trois tableaux de l'église de Saint-Michel de Bellechasse	1822 Tentative d'union des deux Canada	
1824 *Jeune fille en rose*		1824 Charles X succède à Louis XVIII en France
1825 Fin de son apprentissage Tableaux pour les églises de Beaumont, de Bécancour et de Cap Santé		
1826–1830 Séjour en Europe	1827 Naissance de Ludger Ruelland	1830 Berlioz: *Symphonie fantastique*
1830–1841 Professeur de dessin au Séminaire de Québec	1830 Mort de François Baillairgé	1830–1848 Monarchie de juillet en France
1833 Donne des cours de dessin au collège Sainte-Anne à La Pocatière		1833 Balzac: *Eugénie Grandet*
1834 *Sœur Sainte-Claire*	1834 Les 92 Résolutions sont présentées à Londres	
1834–1838 Accepte Francis Matte comme élève		
vers 1835 Portraits de la famille Pierre Pelletier		
1836 Séjourne à Montréal pendant trois mois		
1838 Médaille de la Société littéraire et historique de Québec	1837 Insurrections dans le Haut et le Bas-Canada	1837 Victoria, reine d'Angleterre
vers 1838 Donne des leçons de peinture à Zacharie Vincent		
1838–1840 Prend Théophile Hamel comme apprenti		
1839 Expose son *Chemin de Croix* à Québec	1839 Rapport de Lord Durham	1839 Stendhal: *La Chartreuse de Parme*
1841 Cours de dessin aux novices de l'Hôpital général *Sœur Saint-Alphonse, Sœur Saint-Anne* et *Sœur Saint-Joseph*	1840 Acte d'Union	

1842 *L'abbé Laurent-Thomas Bédard*
Attaque le peintre français Victor Ernette

1845 Son atelier de la rue Desjardins subit divers dégâts causés par un incendie
Conférencier à la Société de discussion de Québec

1849–1850 Professeur de dessin au Séminaire de Québec

1850 Remporte le 1er prix à l'exposition artistique, agricole et industrielle de Québec

1851 Se retire à Neuville où il installe son atelier

vers 1854 Siméon Alary devient son disciple

1866 *Le flûtiste* (Fait 2 autres versions, en 1867 et 1868)

1871 Disposé à peindre des portraits d'après des photographies

1880 Expose 15 tableaux au Parlement de Québec
Nommé vice-président fondateur de l'Académie royale des arts du Canada

1881–1882 Orne l'église de Neuville de 18 tableaux

1882 *Autoportrait*

1884 Dernières œuvres connues : *Joseph Doré L'abbé Joseph-Honoré Desruisseaux* et *L'abbé Ulric Rousseau*

4 septembre 1895 Meurt à Neuville où il est inhumé dans la crypte de l'église

---

1843 Mort de Louis Dulongpré

1845 F.-X. Garneau publie son *Histoire du Canada*
Joseph Légaré peint sa série d'incendies

1851 Cornélius Krieghoff s'installe à Québec

1852 Formation du Parti rouge

1855 Mort de Joseph Légaré

1864 Naissance d'Ozias Leduc

1867 Acte de l'Amérique du Nord britannique

1870 Mort de Théophile Hamel
Affaire Louis Riel au Manitoba

1886 Mort de Zacharie Vincent

1887 Élection d'Honoré Mercier au Québec

1844 Alexandre Dumas : *Les trois mousquetaires*

1848 Révolutions en Allemagne, Autriche, France, Hongrie, Italie et Pologne

1852 Napoléon III, empereur des Français

1857 Baudelaire : *Les fleurs du mal*

1859–1883 Victor Hugo : *La Légende des Siècles*

1861 Victor-Emmanuel, roi d'Italie

1866 Manet : *Le fifre*

1867 Premier volume du *Capital* de Karl Marx

1870 Proclamation de la IIIᵉ république en France

1874 Claude Monet : *Impression : soleil levant*

1878–1903 Léon XIII, pape

1880 Rodin : *Le penseur*

1886 Rimbaud : *Illuminations*

1891 Encyclique *Rerum Novarum*

Antoine-Sébastien Plamondon	Canada	Europe
29 February 1804 Born in Ancienne-Lorette		1804 Napoleon Bonapart proclaimed Emperor
		1806 The continental blockade
	1812 American invasion / Birth of Zacharie Vincent	1807 David: *The Coronation of Napoleon*
		1814 Ingres: *La grande odalisque*
		1814–1815 Congress of Vienna
	1817 Sale of the Desjardins Collection / Birth of Théophile Hamel	1815 Reestablishment of the monarchy in France
1819–1825 Apprenticed to Joseph Légaré		1820 Lamartine: *Meditations poétiques*
1823 With Louis-Hubert Triaud, restores three pictures in the church of Saint-Michel de Bellechasse	1822 Proposed union of the two Canadas	
1824 *Girl in Pink*		1824 Charles X succeeds Louis XVIII in France
1825 End of apprenticeship / Paintings for the churches of Beaumont, Bécancour, and Cap Santé		
1826–1830 Lives in Europe	1827 Birth of Ludger Ruelland	1830 Berlioz: *Fantastic Symphony*
1830–1841 Professor of drawing at the Séminaire de Québec	1830 Death of François Baillaigré	1830–1848 July Monarchy in France
1833 Gives courses in drawing at the collège de Sainte-Anne at La Pocatière		1833 Balzac: *Eugénie Grandet*
1834 *Sister Sainte-Claire*	1834 The 92 Resolutions are presented in London	
1834–1838 Francis Matte, Plamondon's pupil		
c. 1835 Paints portraits of Pierre Pelletier's family		
1836 Spends three months in Montreal		
1838 Wins a medal from the *Société littéraire et historique de Québec*	1837 Rebellions in Upper and Lower Canada	1837 Queen Victoria ascends throne of Great Britain
c. 1838 Gives painting lessons to Zacharie Vincent		
1838–1840 Théophile Hamel as apprentice		
1839 Exhibits his *Stations of the Cross* in Quebec City	1839 The Durham Report	1839 Stendhal: *The Charterhouse of Parma*
1841 Gives courses in drawing at the Hôpital général / *Sister Saint-Alphonse* / *Sister Sainte-Anne* / *Sister Saint-Joseph*	1840 Act of Union	

1842 *Abbé Laurent-Thomas Bédard* Attacks the French painter Victor Ernette

1845 His studio in rue Desjardins extensively damaged by fire
Lectures at the *Société de discussion de Québec*

1849–1850 Professor of drawing at the Séminaire de Québec

1850 First prize at the *Exposition artistique, agricole et industrielle de Québec*

1851 Retires to Neuville where he sets up his studio

c. 1854 Siméon Alary becomes a disciple of Antoine Plamondon

1866 *The Flute-Player* (two other versions done in 1867 and 1868)

1871 Agrees to paint portraits from photographs

1880 Exhibits fifteen pictures in the Quebec Parliament
Named founding Vice-President of The Royal Canadian Academy

1881–1882 Decorates the church in Neuville with eighteen pictures

1882 *Self-Portrait*

1884 Last known works, three portraits: *Joseph Doré*, *Abbé Joseph-Honoré Desruisseaux*, and *Abbé Ulric Rousseau*

4 September 1895 Dies at Neuville and is buried in crypt of the parish church

---

1843 Death of Louis Dulongpré

1845 F.-X. Garneau publishes his *History of Canada*
Joseph Légaré paints his series of fire in Quebec City

1851 Cornelius Krieghoff arrives in Quebec

1852 Formation of the Parti Rouge

1855 Death of Joseph Légaré

1864 Birth of Ozias Leduc

1867 British North America Act

1870 Death of Théophile Hamel
Louis Riel rebellion in Manitoba

1886 Death of Zacharie Vincent

1887 Election of Honoré Mercier in Quebec

1844 Alexandre Dumas: *The Three Musketeers*

1848 Revolutions in Germany, Austria, France, Hungary, Italy, and Poland

1852 Napoleon III becomes Emperor of the French

1857 Baudelaire: *Flowers of Evil*

1859–1883 Victor Hugo: *La Légende des Siècles*

1861 Victor Emmanuel, King of Italy

1866 Manet: *The Fife Player*

1867 First volume of *Capital* by Karl Marx

1870 Proclamation of the Third Republic in France

1874 Claude Monet: *Impression: soleil levant*

1878–1903 Pope Leo XIII

1880 Rodin: *The Thinker*

1886 Rimbaud: *Illuminations*

1891 Papal Encyclical *Rerum Novarum*

L'auteur désire remercier cordialement sœur Lucie Vachon, archiviste de l'Hôpital général de Québec, pour sa précieuse collaboration au cours de ses recherches.

The author wishes to express his warmest thanks to Sister Lucie Vachon, archivist of the Hôpital général in Quebec City, for her invaluable help in his research.

Provenance des photographies

Couleur: Galerie nationale du Canada, Ottawa
Noir et blanc: John Evans, Ottawa: 6, 8, 9;
Galerie nationale du Canada, Ottawa: 1, 2, 3, 4, 5;
John R. Porter, Hull: 7, 10

Photographs

Colour: The National Gallery of Canada, Ottawa
Black and white: John Evans, Ottawa: 6, 8, 9.
The National Gallery of Canada, Ottawa: 1, 2, 3, 4, 5;
John R. Porter, Hull: 7, 10

Collaborateurs

DIRECTEUR DE LA SÉRIE:
Myron Laskin Jr.
Impression: Mortimer Graphics

Credits

GENERAL EDITOR OF SERIES:
Myron Laskin Jr.
Printer: Mortimer Graphics